변화의 열쇠

변화의 열쇠

평범함을 거부하고 탁월하게
성공하는 24가지 가이드라인

송민규 지음

한 줄 일기쓰기로 시작해 한 권의 책을 쓴 작가님을 소개합니다.
생각에만 그치지 않고 행동으로 보여준 작가님을 소개합니다.

고명환
『고전이 답했다 마땅히 살아야 할 삶에 대하여』 저자

프롤로그

책을 워낙 싫어해서 만화책조차 읽지 않던 내가 이 책을 쓰게 된 이유는 무엇일까? 내 기준에 대부분의 책은 너무 어렵게 느껴졌다. 많은 자기계발서에서 말하는 "잠재의식이 도와준다.", "내 안의 잠든 거인을 깨워라.", "우주의 에너지가 나를 도와준다.", "생각하고 글로 적고 외치면 무조건 이루어진다." 와 같은 이야기가 도대체 어떻게 나를 도와준다는 말인가?

이해하기도 어렵고 한 번에 쭉 읽어 내려갈 수도 없었다. 어려운 단어들과 책에 나오는 여러 주인공들의 영어 이름을 외우다 보니 벌써 머리가 아팠다. 고급스럽지만 어려운 문장들을 이해하며 읽다 보니 나 같은 평범한 사람이 읽기에는 참 어려웠고, 읽어도 기억에 잘 남지 않았다. 결국 내 인생은 바뀌지 않는다.

세상 이치를 전혀 모르고 내가 누구인지, 왜 태어났는지, 죽어서 어떻게 되는지 아무 생각도 하지 않으면서 삶이 뜻대로 되지 않는다고 불평만 한다. 전기, 전자, 기계에 대한 상식이 전혀 없는 상태에서 자동차를 만들 수 없듯이, 인간 본연의 상식을 모르면서 진정으로 행복한 삶을 살기란 어렵다. 위조지폐를 찾는 가장 확실한 방법은 진짜 돈을 정확하게 알고 있는 것이다. 누구나 원하는 성공과 행복을 원한다면 세상 이치를 정확하게 알고 있으면 가능하다.

  하지만 이 책을 끝까지 읽고 나면 여러분의 상식은 완전히 깨지고 더욱 행복한 삶을 살게 될 것이다. 이 책에서 그 모든 것을 명확하게 알려주겠다.

목차

프롤로그   6

1. 매일 나는 내 안의 적에게 진다   11
2. 현재의 나를 만든 20년의 감옥생활   15
3. 생각과 수준의 차이   19
4. 깨어 있는 눈으로 현재를 보라   23
5. 40년의 감옥생활   31
6. 간절함이 성공으로 이끈다   43
7. 행복의 조건   48
8. 부자는 돈보다 시간을 더 소중하게 생각한다   55
9. 대가를 지불해라   58
10. 인생 역전의 시작   62
11. 하루는 밤부터 시작된다   70

12. 악마가 인간에게 준 선물 … 73
13. 행동으로 이어지지 않는 좋은 생각은
    쓰레기나 다름없다 … 76
14. 목표가 없는 사람들 … 79
15. 생각하지 않는다면 동물과 다를 바 없다 … 82
16. 라면집에서 깨달음 … 88
17. 내가 실패할 수밖에 없는 이유 … 92
18. 도와주는 삶, 가치 있는 삶 … 94
19. 나만의 매력 만들기 … 98
20. 기본과 기대의 중요성 … 103
21. 공황장애 우울증 치료? … 111

22. 상식을 뛰어넘은 사람만이 얻을 것이다　　117

23. 잠재의식? 우주의 에너지란 무엇인가?　　125

24. 깨어 있는 눈으로 세상을 보라　　136

글을 마치며　　144

작가 인터뷰　　151

01

매일 나는 내 안의 적에게 진다

 나의 시작은 새벽인지 아침인지 애매한 6시 30분 기상으로 시작한다. 눈을 뜨면 책을 몇 장 읽고, 아침 산책을 나가고 집에 돌아와 설거지를 하고 쓰레기를 내다 버린 뒤, 아이들을 학교에 보낸다. 그러고 나면 커피 한 잔의 여유와 함께 글을 쓴다.
 어찌 보면 참 고상해 보일 수도 있겠다. 하지만 두 달 전만 해도 새벽 1~3시 사이에 잠들었다. 아침에 아이들 등교시키고 나면 다시 이불 속으로 들어가 '전날 일찍 잘걸' 후회하며, '오늘 저녁부턴 정말 일찍 자야지' 하고 결심한다. 그러다가 저녁이 되면 또 맥주를 마시며 영화를 보고 오늘 힘들게 고생한 나에게 주는 보상이라 생각하며 그렇게 지내 왔다.

그렇게 내 생각 안의 나태함의 적과 싸움에서 매일 패배하고 만다. 이 생활이 지겹다. 하지만 안 좋은 버릇이 하루아침에 쉽게 고쳐질 리 없다.

- 나의 재정(금전) 상태는 마음에 드는가?
- 나의 몸은 마음에 드는가?
- 나는 지금 행복한가?
- 왜 나만 못 살고 있는 것 같을까?

주변 사람들은 돈, 직업, 결혼이라는 인생의 과제도 이루고, 평범하고 행복하게 잘 사는 것 같은데 아무리 열심히 살아도 행복하지가 않다. 살만 쪄 가고…. 이유가 무엇일까? 이유를 안다 해도 바뀌지 않는다. 무슨 방법이 없을까? 이대로 비전 없이 걱정 속에서 살아가야 할까?

지금까지 마음대로 살아온 결과가 현재 여러분의 삶이다. 다 자신이 만든 현실이다. 여러분 나이를 30~40대라고 가정하고 현재의 삶에 만족하지 못한다면, 이제 본인의 살아온 방식이 틀렸다는 걸 인정하는 것이 당신의 삶을 바꿀 수 있는 유일한 기회가 될 것이다.

정말 우린 고집이 매우 강하다. 혈기 왕성하고 머리도 육체도 따라 주는 젊은 시절을 지금까지 내 마음대로 살았어도 삶이 좋아지지 않았는데, 쇠약한 50~70대는 당연히 잘 되기 힘들어질 수밖에 없다.

체력도 열정도 없어지고 몸도 점점 아파오면서 말이다. 인정이 된다면 이제부터라도 남의 말을 좀 들어보자. 100년을 살아간다는 가정하에 인생에서 짧은 단 3개월 만이라도 남의 뜻대로 살아 보길 권한다.

당연히 성공한 사람들을 따라 해야 한다. 주변의 선배나 친구를 따라 하는 것이 아니라, '나도 이 사람처럼 되고 싶다' 하는, 나의 목표를 이루기 위해 기준이 될 수 있는 크게 성공한 사람을 찾아 따라 해 보자. '그런 지인이 저는 없는데요?'라고 말하고 있는가? 아니 누구에게나 있다. 서점에 전 세계의 성공한 사람들이 당신을 도와주려고 줄을 서서 기다리고 있다. 여러분은 선택만 하면 된다.

책을 워낙 싫어해서 만화책조차 읽지 않았던 내가 이 책을 쓰게 된 이유는? 내 기준 대부분의 책들이 너무 어려웠다. 그리고 많은 자기 계발서 책들이 말하는 '잠재의식이 도와준다. 내 안의 잠든 거인을 깨워라 우주의 에너지가 나를 도와준다. 생각하고 글로 적고 외치면 무조건 이뤄진다.'는 말이 당황스러웠다. 이런 것이 도대체 어떻게 나를 도와준단 말인가? 이해도 잘 안되고 한 번에 쭉 읽어 내려갈 수가 없다. 어려운 단어들과 책의 나오는 여러 주인공들의 영어 이름을 외우다 보니 벌써 머리가 아프다.

고급스럽지만 어려운 문장들은 나처럼 평범한 사람은 읽기가 어렵고 기억에 많이 남지 않는다. 결국 내 인생은 바뀌지 않는다. 하지만, 이 책을 끝까지 읽고 나면 여러분의 상식은 깨지고 더욱 행복한 삶을 살게 될 것이다.

엄마가 아들에게 써 준 편지처럼 기대로 시작해 감동과 눈물로 마지막까지 한 번에 읽을 수 있도록 쉽게 집필했…, 아니 '썼다'. 아주 쉽게. 이 책은 최대한 어렵고 고급스러운 단어를 사용하지 않았다.

02

현재의 나를 만든 20년의 감옥생활

아이가 태어나 유치원, 초, 중, 고 대학이나 대학원까지 공부를 끝내면 20년 정도가 소요된다. 감옥의 특징은? 자유가 없고 일정 기간 갇혀 지내야 한다. 난 학교도 감옥 같다는 생각을 한다.

학교는 가기 싫다고 안 갈 수도 없다. 학교폭력을 당하는 아이 입장에서는 학교가 정말 감옥보다 더 가기 싫은 곳일 텐데 안 갈 수가 없다. 힘듦이 수위를 넘으면 자살까지 하게 된다. 수업 중간에 집에 갈 수도 없다. 요즘 아이들은 더욱 불쌍한 것 같다. 학교가 끝나고 또 학원이라는 작은 감옥으로 향한다. 공부가 더 하고 싶어서 학원으로 향하는 아이들이 과연 몇이나 될까?

우리 학교 교육은 누가 더 암기를 잘하느냐로 1등과 꼴등이 나뉘었다. 암기를 못하면 멍청하고 꼴등이 되고 암기를 잘하면 똑똑하고 1등이라니, 암기를 잘하는 사람이 부자가 되는 세상이었다.

하지만 세상이 변했다. 이제는 암기를 잘해서 성공하는 시대가 아니다. 다른 이에게 이로움을 주면서 창의적인 생각을 하는 사람들이 성공하는 시대이다.

> 사람들의 95%는 생각 없이 살고
> 사람들의 3%는 생각한다고 착각하고 살고
> 2% 사람만이 진짜 생각을 하고 산다.

이는 노벨 문학상을 받은 조지 버나드 쇼가 남긴 말이다. 여러분은 생각을 하고 사는가? 고민과 걱정을 하고 사는가? 스스로에게 질문해 보라. 생각 없이 본능에만 목메어 살면 큰 발전이 있을 수 없다. 사람들은 자기의 시간+노동과 돈을 맞바꾸며 살아간다. 세상에서 가장 비싼 게 시간이다. 많은 사람들이 1시간에 시급 1만 원가량을 벌지만, 생각하고 행동할 줄 아는 소수의 사람들은 1시간에 수백~수천만 원도 번다.

시간의 자유를 누리면서 말이다. 지금 시대는 공부 잘해서 잘 사는 시대가 지났다. 이제는 창의적인 생각과 발 빠른 행동력이 부가되는 세상이다.

4차 산업혁명과 인공지능(AI)의 발전으로 하루가 다르게 변화하는 시대에 살고 있다. 이러한 흐름에 유연하게 적응하지 않으면 변화에서 뒤처질 수밖에 없다. 실제로 최근 몇 년 사이 자영업 폐업이 급증하고 있으며, 해고를 겪는 직장인도 늘고 있다. AI 기술의 확산은 산업 전반에 큰 파급력을 미치고 있다.

앞으로 여러분과 여러분의 자녀가 취직할 회사에는 이제 디자이너도 회계사도 너 이싱 많이 필요하지 않다. 10명이 하루 종일 할 일을 이제는 AI가 단 몇 분이면 해결한다. 이제 누가 영어 단어를 많이 외우고 수학 문제를 잘 맞히느냐가 성공의 열쇠가 아니다.

- 답을 찾는 게 아닌 문제를 만들 수 있는 사람, 좋은 질문을 할 줄 아는 사람
- 창의적인 사람
- AI 기계가 할 수 없는 (사람을 상대하는 직업들 정신 쪽을 다룰 수 있는 직업군들)

- 사람들의 니즈(원하는 것)를 파악하는 능력
- 다양한 각도로 문제를 해결하는 능력

이제 경쟁력은 창의성과 남보다 한발 빠른 행동력이다. 요즘 스마트폰 노트북 하나로 수천만 원을 벌고 있는 분들은 공부 잘했던 사람들이 아니다. 될까? 말까? 고민보다 행동력으로 일단 시작해 보고 성공한 사람들이다.

98% 사람들이 유튜브를 찾아보고 그냥 즐겁게 시청만 하는 반면 나머지 소수의 사람들은 유튜브란 매체를 이용해서 엄청난 부를 축적하고 있다.

획기적인 아이디어와 시청자들의 니즈(원하는 것) 파악을 잘한 것이다. 학교에서 배운 것이 아니다.

03

생각과 수준의 차이

　모래로 아이들은 모래성을 만들고 즐겁게 놀기만 한다. (유튜브를 즐겁게 보기만 하는 98%의 사람들 같다) 하지만 어떤 사람은 모래로 유리를 만들어 10만 원의 가치를 만들고, 어떤 사람은 모래로 콘택트렌즈나 의료용 실리콘을 만들어 100만 원의 가치를 만들고, 어떤 사람은 모래로 반도체를 만들어 1,000만 원의 가치를 만든다. (모래의 성분 중 Si 규소라는 물질을 녹여 유리도 실리콘도 반도체도 만든다)

　이렇게 똑같은 물질 하나로도 크게 결과가 바뀐다. 그럼, 모래 만지고 놀고 있는 아이에게 모래가 돈이 된다고 알려 주면 아이가 실행하려고 할까? '몰라요. 필요 없어요. 저희 모래성 만들어야 해요. 저리 가세요.' 할 것이다. 아무리 좋은 방법을 알려 준들 사람들은 행동하려 하지 않는다. 수준과 생각의 차이 때문이다. 나의 정신세계부터 확장하라.

지금 주위를 둘러보자. 손에 잡혀 있는 책, 전등, 시계, 핸드폰, 컴퓨터, 에어컨, 냉장고, 지금 입고 있는 옷에 달린 지퍼나 단추 세상 모든 물건은 생각이라는 것을 했던 어떤 사람에 의해 발명되었고 지금도 계속 만들어지고 있다. 지금 당장 생각을 할 수 없게 만드는 방해물이 무엇인지 인식부터 해 보자. 사람들은 조용히 생각하는 걸 의외로 못한다. 라디오, TV를 켜고 음악을 듣고, 친구와 수다를 떨고, 핸드폰으로 영상을 보고, 게임을 하고 생각할 수 있는 잠시의 시간도 자신에게 허락하지 않는다.

생각하려면 머리가 아프다. 차라리 잠을 자 버린다. 성공하는 사람은 매일 명상과 산책을 한다고 한다. 난 이걸 왜 해야 하는지 도무지 이해를 못 했다. '스님이 될 것도 아닌데 무슨 명상을 하고 주말에 산에 올라가서 좋은 경치 보고 맑은 공기 마시며 기분이 좋아졌으면 됐지 매일 산책은 무슨?' 나이 먹고 집에만 있기 심심한 할머니, 할아버지들이나 운동 삼아 산책이란 걸 한다고 생각했다.

그런데 이제야 깨달았다. 산책을 하라는 것은 곧 자기 내면의 소리에 귀 기울이고 생각하라는 것임을. 성공하는 사람들은 다들 이런 생각을 한다. '어떻게 하면?' '어떻게 하면?' '어떻게 하면?' 자신에게 항상 질문하고 돌파구를 찾는다. 반면에 성공과는 거리가 먼 평범한 사람들은 무슨 생각을 하고 살까? '저녁에 뭘 먹지?' '그때 그 주식을 샀어야 돼!' '그 장사를 했었다면 돈을 많이 벌었을 건데!' '이번 달은 공과금이 많이 지출되는데 어쩌지?' '아끼면서 살자! 이번 달은? 어떻게 되겠지?'

사실 여러분은 성공의 답을 이미 알고 있다. 알면서도 안 하는 것일 뿐…. 갈수록 힘들어시고 고민은 더욱 눈덩이처럼 불어날 것이다. 매일 고민과 걱정 지난날의 후회를 가득 안고 불안한 미래는 어떻게든 되겠지 하는 식으로 오늘 하루를 그냥 흘러가게 방치한다.

하면 된다. 안 하면 아무것도 안 된다. 지금 당장 시작하자. 움직여라. 커피 한 잔을 들고 창밖을 바라보면서 단 10분이라도, 아니 단 5분이라도 생각해야 한다. '어떻게 해야 하지?' '무엇을 해야 하지?' 질문하고 찾아야 한다. 내일로 미뤄서는 안 된다. 그런데 아무리 생각해도 답이 보이질 않는다면, 아무 생각도 나질 않고 답답하고 막막하다면? 계속 이야기하겠지만 책 앞부분에 방법을 이미 알려 줬다. 이 세상에 수많은 고민들과 여러분이 갖고 있는 현재의 고민은 지금이나 수천 년 전에 사람이나 누군가가 이미 경험했던 고민이고 이 고민들을 해결한 수많은 사람들이 그 해답을 책으로 이미 써 놨다.

그럼, 스스로 답을 못 구하면 아주 간단하다. 남에게 도움을 받으면 된다. 지금 서점으로 가라. 수많은 지혜와 방법들이 여러분을 기다리고 있다. 여러분의 궁금하고 풀리지 않는 모든 것들이 책 속에 이미 기록되어 있다. 이것도 행동하지 않는다면 더 이상 답이 없다. 혼자 생각해서 좋은 해결책도 안 나오고 성공한 사람들의 해답을 보는 것도 귀찮아서 안 한다면 그냥 이대로 현재의 삶을 살아가는 수밖에 없다.

책에 계속 말하겠지만 행동하지 않으면 아무런 결과도 없다. 날씬해지고 싶은데 운동은 하기 싫다? 그럼 뚱뚱하게 살면 된다. 더 이상의 해결책은 없다. 선택은 여러분의 자유다. 현재를 불만에 가득해서 투덜거리고 불안해하면서 그냥 살 것인지. 변화하고 발전되어 지금보다 더욱 행복한 삶을 살 것인지는 여러분의 결정에 달려 있다.

04

깨어 있는 눈으로 현재를 보라

새로운 시대를 맞이했다. 새로운 시대에 나만 그대로 옛날 방식으로 변화하지 못하고 멈춰있다면 당신은 도태될(뒤처질) 것이다. 시대 구분을 하지 못하면 시대에 뒤떨어질 수밖에 없고 결과적으로 실패로 갈 확률이 아주 아주 높아진다.

예전 휴대폰 이전에는 삐삐(무선호출기)를 사용했다. 삐삐를 전 국민이 거의 다 사용하다 보니 대리점들은 말 그대로 대박을 쳤었다. 그 시절 삐삐 대리점 앞을 지나가던 한 청년이 나도 지금부터 종잣돈을 열심히 모아서 몇 년 후 삐삐 대리점을 운영해서 돈을 많이 벌겠다. 결심하고 몇 년 후 그동

안 열심히 모은 종잣돈으로 삐삐 대리점을 차린다. 결과는 시작하자마자 폭망이다.

그동안 시대가 바뀌어 버렸기 때문이다. 지금은 스마트폰을 사용하는 시대이다. 그리고 이 스마트폰 또한 머지않아 지나갈 것이다. 성공하는 사람들은 앞날을 내다본다. 왜 성공한 사람들이 그 바쁜 일정 속에서도 책을 많이 읽는지 보면 알 수 있을 것이다. 성공한 사람들은 책 속에 성공의 길이 있다는 것을 이미 잘 알고 있다.

아마 사람들이 10년 전으로 타임머신을 타고 돌아간다면 다 성공할 것이다. 어디가 발전할지 알 테니 빚을 져서라도 땅을 사 둘 테고, 어떤 주식이 올라갈지 알 테니 그 주식을 사 놓을 테고, 어떤 장사가 잘될지도 알 테니 말이다. 그런데 우리는 과거로 돌아갈 수가 없다. 현재를 살아야 하고 미래를 예측해야 한다.

내 좌우명은 '화난 마음으로 과거를 돌아보지 말고 두려운 마음으로 미래를 내다보지 말며 깨어 있는 눈으로 현재를 보라'이다. 이 좌우명을 30년 이상 마음속에 품고 살았다. 과거를 돌아보고 후회한들 돌아오지 않을 테고 두렵다고 도전하지 않으면 미래가 없을 테지만 현재는 내가 무엇을 생각하고 행동하느냐에 따라서 바꿀 수 있기 때문이다. 현재가 바뀌면 미래까지 바꾼다.

그럼, 미래를 내다보는 눈은 어떻게 생길까? 책 속에 답이 있고 미래를 예측할 수 있다. 무당도 자기 죽을 날짜를 모른다. 이 이야기를 조금 더 해 보자. 미신을 믿는 사람들 중 돌아가신 조상님께 제사를 안 지내서 내가 하는 일이 잘 안 풀린다며 부적을 써 갖고 다니는 사람들이 있다. 그럼, 조상을 안 모시고 제사 안 지내는 대부분의 전 세계인들은 왜 줄초상이 나지 않을까? 왜 성공을 하고 행복하게 잘 살고 있을까? 오로지 대한민국 조상들만 죽고 나면 후손들을 괴롭히거나 도움을 주는 것일까?

나의 아버님은 부교에 사깁지만, 할머니의 영향으로 어릴 적부터 제사를 지내 오셨다. 그런데 난 크리스천이라 아버지께 말씀드려 본 적이 있다. 하나님(신)은 있다. 그리고 천국과 지옥도 있으니 한번 믿어 보셔라. 말씀드린 적이 있다. 그런데 아버님은 나를 한심하다는 듯 바라보시며 세상은 신 같은 걸 믿는 것이 아니라 나 자신을 믿고 착실하게 살면 된다.

죽으면 끝이지 무슨 천국, 지옥 이상한 말 하지도 말아라 신 같은 건 없다고 딱 잘라 말씀하셨다. '신이나 귀신이나 영혼 같은 걸 믿지 않는다고 말씀하시는데 제사는 도대체 누구한테 지내는 것인지?' 돌아가신 할머니가 오셔서 드셔야 한다고 대문까지 열어 놓으라고 말씀하신다. 너무 황당하다. 도대체 말이 앞뒤가 안 맞는다. 할머니도 돌아가셨으니 끝났는데 무슨 제사 음식을 잡수러 오신다고 문을 열어 놓으라는 건가.

더 황당한 것은 모든 사람들이 제사 음식은 돌아가신 분께 바치는 것이라 믿고 정성스럽게 차리는데, 만약 우리 할아버지가 술을 많이 드셔서 간암으로 고통스럽게 돌아가셨다고 치자. 그런데 후손들이 술을 따라 놓고 절을 한다. 황당하다 못해서 이건 조상님을 두 번 죽이자는 불효가 아닌가…. 이런 무지한 행동은 수백 년 동안 조상님들이 해 왔으니 그냥 아무 생각 없이 우리도 따라 한 결과다. 조금만 생각해 봐도 이상하다는 것을 바로 느낄 수 있는데 사람들은 정말 생각을 하지 않는다는 말이 맞는 것 같다.

어떤 사람이 산에 올라가다 배가 갑자기 아파 길가에 급하게 똥을 쌌다. 그래도 양심이라는 것이 있어서 다른 사람들이 올라오다 보면 불쾌할 테니 돌멩이를 주워다가 똥 위에 가지런히 돌무더기를 쌓아서 덮어 두었다. 몇 년 후 산을 다시 찾은 이 사람은 놀라운 광경을 목격하게 된다. 자신이 쌓아 놓은, 그저 똥을 가리기 위해 덮어 두었던 작은 똥탑에 누군가 돌멩이 하나를 더 올려놓았다. 거기에 또 지나가는 사람들이 돌멩이를 더 올려 놓았다. 그렇게 세월이 지나 점점 이 똥

탑은 어른 키보다 커지고 멋진 돌탑이 되었다.

웅장해진 돌탑에 어떤 사람이 돌멩이 하나를 올려놓으며 '우리 남편 병이 낫게 해 주세요' 하고 소원을 빈다. 그런데 현실에서 남편의 병이 진짜 나았다. 그럼 이 사람은 무슨 일만 있으면 해마다 이 똥 탑을 찾아와서 소원을 빈다. 맹신의 시작이다. '사업 잘 되게 해 주세요!' '시험 잘 보게 해 주세요!' 그런데 이 광경을 처음 똥을 가릴 목적으로 돌을 쌓은 사람이 보면 얼마나 황당하겠는가.

우리는 잘 알지도 못하는 것에 맹신을 한다. 기독교, 천주교, 불교, 어떤 종교건 믿는 것은 자유지만 잘 알지도 못하면서 남들 따라서 맹신해서는 안 된다. 그럼 어떤 곳이 진짜이고 어떤 곳이 가짜인지 어떻게 알 수 있을까? 바로 질문이다. 계속 물어보면 진짜를 구별할 수 있게 된다. "목사님 천국은 어디에 있나요?" "하늘나라에 있습니다." "그럼, 하늘 어디쯤 있나요?" "어… 기도하시면 하나님이 응답하실 겁니다."(이건 모른다는 뜻이다)

불교도 마찬가지다. 스님에게 질문해 보라. "법당에 부처님 옆에 있는 저 용은 좋은 건가요? 나쁜 건가요?" 그럼, 스님은 '절을 지켜 주는 수호신'이라면서 좋은 것이라 말해 준다. "그럼, 사찰 들어가는 입구에 아주 무섭게 생긴 부처님을 지키는 4명의 사천왕이 용 모가지를 움켜쥐고 용 입에서 여의주를 빼는 형상이 있는데 이건 무슨 상황입니까?"

수호신이라면서 왜 죽이려고 할까? 이곳도 잘 모르는 곳이다. '이럴 것이다. 저럴 것이다.' 하는 본인의 생각일 뿐이다. 사람은 아는 만큼 보인다고 했다. 여러분은 이제 알려고 노력해야 한다. 목사님도 스님도 본인들도 잘 모르는 곳에 다니면서 내 맘 편하자고 복받을 것이라는 맹신을 하고 헌금을 하고 봉사를 하고 천국 간다고 스스로 확신과 믿음을 갖고 종교 생활을 한다.

성경에 이런 글귀가 있다.

> 또 비유로 말씀하시되, 소경이 소경을 인도할 수 있느냐? 둘이 다 구덩이에 빠지지 아니하겠느냐?
>
> - 누가복음 6장 39절

자기도 모르면서 어떻게 남을 좋은 곳으로 인도하겠는가? 무언가를 믿고 싶다면 질문하고, 질문하고 또 질문해도 막힘없이 전부 이치에 맞게 답을 주는 곳이 있다면 그곳이 진리가 있는 곳이다. 찾아라. 두루뭉술하게 '내 생각에 그럴 것이다. 저럴 것이다' 하고 말한다면 확실한 가짜다.

내가 하나님을 알기 전 어릴 적에 어려운 자격증 시험을 한 번에 합격하겠다고 절에 들어가 한 달간 공부를 한 적이 있다. 이때 알게 된 스님 한 분께 어느 날 전화가 왔다. 시장에 가서 물고기 10만 원어치를 사서 강이나 저수지에 방생해 주면 좋은 일이 생기고 부처님 복을 받는다는 거였다.

그런데 난 한마디로 거절했다. "스님 그건 제가 안 하는 것이 맞는 것 같습니다. 저는 오늘 저녁에 횟집에서 친구들과 술 약속이 있습니다. 낮에 돈을 주고 물고기를 방생해 주고 저녁에는 오히려 죽여서 먹을 텐데 그렇게 해서 부처님이 저에게 복을 주신다면 저는 그런 부처님은 안 믿겠습니다." 그때 스님께서 "그건 자네 말이 맞는 것 같네" 하시며 웃으셨다.

여러분도 깨어 있는 눈으로 현재를 보길 바란다. 지인 중 한 분이 잘못된 종교를 만나서 결국 2억 원가량을 뜯겼다. 사람들은 바보냐고, 그걸 어떻게 당하냐고 말한다. 그런데 이 지인은 서울대 법대를 수석으로 나온 아주 똑똑한 변호사다. 현재 대기업에서 기업 변호사로 활동 중이며 고액 연봉을 받는다. 공부 잘하는 것과 깨어 있는 정신세계는 전혀 다른 부분이다.

80년 긴 세월 동안 오로지 자신만을 믿고 의지하며 많은 역경과 어려움을 홀로 이겨 내며 힘들게 살아오신 나의 아버지. 얼마 전 아버지의 누나도 동생도 친구들도 선·후배도 배우자도 한 명씩 다 세상을 떠나셨다. 이제 아버지는 무슨 희망으로 미래를 살아가실까?

 하지만 지금은 삶에 활력이 넘치신다. 새로운 희망이 생기셨다. 드디어 본인의 고정관념을 깨고 신을 믿고 의지하시며 몸과 마음까지 더욱 건강하게 살고 계신다. 태어나서 용돈 한 번 제대로 드린 적 없는 못난 아들, 많이 늦었지만 아버지께 가장 큰 효도를 한 것 같다.

05

40년의 감옥생활

그렇게 20년 가까운 (학교) 감옥생활이 끝나면 남자의 경우 군대라는 감옥생활을 또 시작한다. 오죽 힘들면 탈영을 할까? 자유를 뺏기고 군기를 잡는다는 이유로 구타와 학대를 받았으니. 그리고 제대라는 출소를 하고 얼마간 자유를 누리고는 또 회사라는 곳 (또는 자영업)에 들어가 또 감옥생활을 시작한다.

상사의 심부름을 하고 실적 압박을 받으며 스트레스를 받는다. 하지만 회사라는 감옥은 강제성은 없다. 자영업의 경우도 여러 형태의 손님들을 상대해야 하고 매상이 오르지 않으면 빚이 생기면서 스트레스가 시작된다. 내가 언제든지 그만 둘 수 있지만 그럴 수가 없다. 먹고 살아가려면 돈이 필요하기 때문에 더럽고 치사하고 힘들어도 회사로, 장사로 하루하루 버티며 살아야 한다. 예전에 본 기사가 생각난다.

30년간 진짜 교도소에 복역하다 출소한 죄수가 일주일도 되지 않아 다시 잡범으로 감옥에 들어왔는데 알고 보니 죄를 고의로 짓고 감옥으로 다시 돌아온 것이다. 밖에서 보낸 일주일 동안 너무나도 많이 변해 버린 사회에 적응을 못 하고 오히려 이제는 감옥이 더 편하다는 생각에 고의로 죄를 짓고 감옥으로 다시 돌아왔다는 기사였다.

어느덧 우리도 이렇게 감옥에 익숙해져 버린 것 같다. 이렇게 직장에서 30~40년을 열심히 일하고 이제 드디어 정년퇴임이라는 자유를 보장받지만, 이제는 오히려 자유가 더 싫다. 나이 먹은 나를 찾는 곳은 거의 없어지고 힘없고 여기저기 아프고 돈까지 많이 모아놓지 않았다면 이제부터는 감옥이 아닌 지옥 삶이 시작된다. 무조건이 아닌 많은 사람들이 살아가는 방식을 말한 것이다. 90%의 사람들은 이렇게 살아가는 것 같다.

그리고 대부분의 사람에게 꿈이 무엇이냐고 물으면 의외로 꿈이 없다. 또 꿈에 대해 생각하지도 않는다. 그냥 돈 많이 벌어 잘 먹고 잘 살고 싶다고 막연히 말한다. 그냥 보통의 사람들이 살아가는 방식을 똑같이 따라만 가고 있다. 우선 대학교라는 곳은 취직을 하기 위함이 아닌 학문을 연구하고 교수나 의사, 학자가 되기 위해 또는 연주가나 예술가, 운동선수로서의 전문성을 배우러 가는 곳인데 우리는 대부분 취직을 목적으로 간다.

교육의 참된 목적은 인간을 인간답게, 그리고 사회와 국가에 바람직한 구성원으로 만드는 데 있다. 이를 위해서는 주입식 교육이 아니라, 주도적인 삶을 개척할 수 있도록 개인의 재능을 발굴해 주어야 한다. 또 공동체 의식을 심어 주어 배려와 존중, '다 같이 잘 사는 사회'를 지향하는 시민의식을 길러야 한다. 그러나 우리는 여전히 국·영·수 중심의 주입식 교육을 받고 있다.

영어학원에 4~5년 다니는 학생들에게 영어로 질문해 보면 알 수 있다. 말을 못 한다. 언어는 듣고 말하는 것이 기본인데 말도 못 하는 교육을 아주 열심히들 다닌다. 언어를 배우는 것이 아니라 시험을 잘 보기 위한 것이다. 대학과 취업을 위해서…. 문법 시험문제는 실제 영어권 아이들보다 더 잘 푼다. 웃긴 현상이다. 말 한마디 제대로 못 하는데 영어권 나라 아이들보다 시험문제는 더 잘 푼다니….

예전에 유명한 일화가 있었다. 2010년 오바마 대통령이 한국에 내한하여 기자회견을 하는 중 중국, 일본, 미국 세계 여러 나라의 기자들이 질문을 하자. 이곳은 한국이니 한국 기자에게 먼저 질문할 수 있는 우선권을 주겠다고 했다. 그러나 아무리 기다려도 우리 기자님들 꿀 먹은 벙어리였다. 20년을 대답만 하고 시키는 것만 해 온 주입식 교육의 결과다. 질문을 할 줄 모른다. 질문을 한다는 것은 궁금하다는 것이고 생각을 한다는 증거다. 스스로에게 질문을 하고 고민하고 방법을 찾아야 해결을 할 텐데 질문하지 않는다. 그게 바로 창의력이 풍부해지고 발전하는 길인데….

궁금한 것이 생기면 핸드폰으로 검색해서 몇 초 만에 답을 찾아 버리니 머리 쓸 일도 없고 뇌는 자꾸 퇴화한다. 거기에 더해 유독 사람들의 시선을 많이 의식한다. 가만히 있으면 중간이라도 간다고 여긴다. 괜히 학교에서 수업 시간에 손을 들면 아이들의 눈초리가 차가워진다. 우리 문화는 개인주의보다 집단주의적이기 때문이다. 타인을 의식하는 습관이 있어 매사 타인의 시각을 통해 판단하기 때문에 행복의 만족도 또한 낮아지는 것이다.

외국 사람들이 우리나라 해수욕장에 오면 의아해하는 점이 있다. 수영장에서 입으라고 만든 수영복을 10%도 입지 않고 반바지, 민소매 티셔츠, 일상복을 입고 수영을 한다. 온몸을 칭칭 가리고 그나마 몸매가 받쳐 주는 극소수만이 수영복을 입고 있다.

외국에 나가 보면 알겠지만, 배불뚝이 아저씨부터 임산부까지도 수영할 때는 수영복을 입는다. 아주 당연한 건데 우린 남의 시선을 너무나도 많이 의식한다. 다른 사람에게 피해 주지 않는 선에서 기본 예의만 지킨다면 타인의 시선은 무시해야 한다.

이 사람 저 사람 눈치 보는 것은 나에게 큰 장애물이 된다. 무엇을 할 때는 혼자 묵묵히 해야 한다. 그렇지 않으면 주위에서 하면 안 되는 이유를 찾아서 나를 몰아뜯기 바쁘다. 내가 책을 쓴다고 하니 만화책 쓰는 거냐고 비웃는다. 사람들은 남의 행복을 진심으로 바라지 않는 것 같다.

그럼 이제 우리는 무엇을 해야 할까? 바로 탈출이다. 그동안의 고정관념에서 용기 내서 탈출하는 것이다. 남들이 하는 걸 무작정 생각 없이 따라 하지 않도록, 상식을 뛰어넘어 탈출하는 것이다. 이제 현실을 직시하고 생각하며 계획을 세우고 꾸준히 행동하여 더욱 행복한 자유를 위해 탈출해 보자.

감옥과 탈출이라는 글을 쓰다 보니 하와이 감옥에 갇혔던 일이 생각난다. 그리 오래 살아온 인생은 아니지만 정말 삶에서 드라마틱한 일들이 많이 있었던 것 같다. 결혼을 하고 생활 여건이 안 되어 계속 미루었던 신혼여행을 드디어 하와이로 택했다. 세상 어떤 여행보다 신나는 신혼여행. 행복한 마음으로 비행기에 올라타 드디어 하와이에 입성했다. 공항에 도착하니 현지인들의 알로하라는 인사말과 함께 엉덩이 춤을 추며 우리를 반겼다.

  즐거운 마음도 잠시였다. 입국자 심사를 받는데 갑자기 나를 멈춰 세우고 다른 곳으로 이동시켰다. 이민국이었다. '왜 하와이에 왔냐? 하는 일은 무엇이냐?' 몇 시간을 계속 똑같이 물어보더니 결국은 추방 명령을 받았다. 아니 공항에 오자마자 한국으로 추방이라니 이 무슨 말도 안 되는 일이 나에게 일어난단 말인가? 내가 범죄자도 아니고 도대체 왜? 아무리 생각해도 이해가 안 됐다. 황당하고 답답했다. 오만가지 생각이 겹쳤다.

  시간이 어느 정도 지나고 지칠 대로 지친 나는 인정할 수밖에 없었다. 그럼 한국으로 다시 보내 줘라. 더럽고 치사해서 나도 더 이상 이곳에 있기가 싫었다. 그런데 지금 한국으로 갈 비행기는 없고 내일 비행기로 가야 한다고 하면서 하루 동안 하와이에 있어야 한다고 말한 뒤 수갑을 채우고 어딘지도 모르는 곳으로 나를 호송했다.

공항에 있으면 안 되냐고 물어봤다. 안 된다고 한다. 자기들 퇴근해야 한다고…. 몸을 수색하고 팔을 뒤로해 수갑을 채우고 봉고차에 태운 뒤 한참 어딘가로 가더니 도착한 곳은 중범죄자들이 있는 감옥이었다. 아니 내가 무슨 잘못이 있다고 감옥까지? 평생 경찰서 유치장 한번 가 본 적이 없는데….

그리고 한참을 작은방에 가두고 소지품을 전부 내놓고 죄수복으로 갈아입혔다. 진짜 꿈을 꾸는 것만 같았다. 그렇게 죄수복으로 환복을 하고 머그샷(체포된 범인 키나 인상착의 등을 찍는 사진)까지 찍고 또 다른 곳으로 이동했다. 사과 하나, 담요 한 장, 화장지 하나, 손가락만 한 칫솔 하나, 지금이야 알게 되었지만, 범죄자들이 칫솔을 뾰족하게 갈아서 상대방을 가해할 수도 있기 때문에 칫솔이 정말 손가락 길이 정도로 매우 짧았다.

마지막으로 엘리베이터를 타고 이동한 후 문이 열리자 말 그대로 영화가 시작되었다. 온몸에 문신을 한 거구들이 나를 째려보면서 한마디씩 묻는다. "Are you Chinese(너 중국사람이야?)" "Are you Japanese?(너 일본 사람이야?)" 고개를 숙일 수밖에 없는 분위기다. 나는 마음속으로 기도를 했다. 내일 아침이면 이곳에서 나갈 수 있다. 최대한 사건, 사고 없이 조용히 있다 나가자. 다 지나가리라. 방을 배정받자 느끼하게 생긴 룸메이트가 나에게 웃으며 인사를 건넨다.

나는 눈인사만 대충 나눈 채 2층 침대로 올라가 잠을 자기 시작했다. 아니 자는 척을 시작했다. 에어컨이 얼마나 추운지 가져온 화장지를 둘둘 말아 에어컨 구멍을 다 틀어 막고 모포를 머리까지 올려 덮고 억지로라도 잠을 청하기 시작했다.

이불 속에서 수많은 생각에 사로잡혔다. 공항에 혼자 있는 와이프가 걱정되었다. 와이프는 영어를 전혀 못 했다. 집에 있는 귀여운 내 아기를 다시는 볼 수 없을지도 모른다는 불길한 생각에 괴롭고 두려웠다.

하루가 천년 같다는 말이 이해가 되었다. 직접 경험해 보지 않은 사람들은 '겨우 하루 정도인데?'라고 말할 수도 있겠지만 이곳에서 사건, 사고에 휘말리면 5년형, 10년형을 받을 수도 있다. 심지어 조용히 밤에 사라지는 경우도 있다. 눈을 뜨면 아침이 되어 빨리 이곳에서 나가고 싶었다. 이대로 조용히 내일이 빨리 오기만을 소원했다. 하지만 잠은 당연히 오지 않았다.

2시간 정도가 지났을까. 갑자기 이런 생각이 들었다. '이곳은 누가 봐도 중범죄자들이 득실거리는 곳이다. 살면서 이런 곳에 평생 누가 와 볼까? 이대로 잠만 자고 내일 아침에 나간다면 무엇인가 아쉬울 것 같다.' 그래서 용기를 내서 밖으로 나갔다. 농구를 하는 사람, 포커를 하는 사람, 마작을 하는 사람, 뉴스를 보는 사람, 여러 사람들이 자기들만의 재미를 찾아 하루를 보내고 있었다.

난 이곳저곳 기웃거리다 한 중국인을 만나게 되었다. (과거에 난 일 때문에 미국에 5년 정도 살았기 때문에 잘하지는 못하지만 영어로 기본 의사소통이 가능했다) 이 중국인 첫 마디는 이랬다. "네가 같은 방 쓰는 사람은 성범죄자이며 게이다. 내가 방을 바꿔 줄 수 있는데 그렇게 하겠냐?" 나는 당연히 그렇게 해 달라고 부탁했고 1층에서 2층으로 방을 바꿨다.

방을 바꾼 후 룸메이트로 미국 친구 한 명을 만났는데 이름은 데이비드리고 했다. 너무 고마운 친구라서 이름도 잊혀지지 않는다. 그는 중범죄로 들어온 것이 아니라 세금 문제로 돈을 지급하지 못해 들어왔다고 했다. 서로 간단히 소개한 후, 그는 이곳저곳에 나를 데리고 다니며 하면 안 되는 행동 등을 알려 주었다. 쓰다 보니 소설이 되어 가는 것 같지만 전부 사실이다. 그리고 그럭저럭 친구 1명을 더 만들었다.

억지 잠을 청하고 아침이 드디어 밝았다. 아침 식사를 하려고 줄을 섰다. 우유 하나와 빵 1개 그리고 시리얼이 있었다. 진짜 이렇게 맛없는 시리얼은 난생처음 먹어 본다. 낙엽을 말려 우유에 타 먹으면 딱 이 맛일 듯싶다. 낙엽 같은 갈색에, 아무 맛도 나지 않는다. 그런데 음식을 배식해 주는 사람이 데이비드였다.

나에게 빵 하나와 우유 하나를 남 모르게 하나씩 더 주면서 조심히 한국에 가란다. 자기는 1년 이후에나 출소라면서…. 고마움과 왠지 모를 미안함이 들었다. 빵을 먹으면서 느꼈다. 정말 고마웠다. 하루 만에 친해져서 나에게 이렇게 호의를 베풀다니. 하지만 이렇게 아무 맛도 없고 맛없는 빵도 처음이었다. 데이비드 덕분에 꾸역꾸역 두 개나 참으며 먹었다. 같이 식사를 하면서 정말 많은 이야기를 나눴다.

그리고 드디어 석방되었다. 어제 벗어놓은 옷들과 짐들을 챙기고 공항으로 다시 돌아와 와이프와 한국으로 귀국했고, 양가 부모님들이 걱정하실 것 같아 우리는 강원도 일주로 계획을 변경하여 신혼여행을 마쳤다.

지금까지도 부모님들은 이 사건을 모르신다. 이 사건을 겪으면서 정말 수많은 생각을 하게 되었다. 이 글을 읽는 독자 여러분들도 겪을 수 있는 일이다. 수감자실에서 억지 잠을 청하면서 머릿속에 가장 많이 들었던 생각은 눈에 넣어도 아프지 않을 만큼 사랑스러운 내 아이를 다시는 볼 수 없을 수도 있다는 생각이었다. 그게 가장 걱정되고 괴로웠다.

2층 골방에서 하나님께 기도를 많이 했었다. 그것 말고는 내가 할 수 있는 것이 없었기에…. 이제 시간이 많이 흘러 추억이 되었지만, 내가 왜 그런 일을 당하고 느꼈는지 알 것만 같다. 나에게 어떤 깨달음을 주려는 신의 메시지 같다. 세상을 살면서 인간이 할 수 있는 일보다 못하는 일이 더 많다. 갑자기 중병에 걸려서 죽을 수도 있고 갑자기 큰 사고가 날 수도 있다. 그런데 우리는 수천 년을 살 것처럼 자신만만 기고만장하게 살아간다.

하루하루의 소소함의 행복이 얼마나 소중한 것인지는 나와 같은 일을 겪어 보면 알게 될 것이다. 단 하루 감옥생활도 이렇게 무서운데, 영원한 지옥은 어떠하겠는가. 돈이 없어도 삶이 조금 비거워도, 평온한 오늘 하루가 너무나도 감사할 뿐이다. 이제 난 국내 여행이 좋다.

멈춰선 현재를 직시하고,
생각의 감옥에서 탈출하라

똑같은 모래로 누군가는 모래성을 쌓지만, 누군가는 콘택트 렌즈를 만들고 또 누군가는 반도체를 개발한다. 각자의 삶은 각자가 만들어온 길 위에 정직하게 놓여있다.

우리의 현재 모습은 과거 선택의 결과물이다. 매일 같이 안일함과 나태함에 지고 있다면, 이제는 그릇된 방식을 인정하고 변화의 기회를 잡아야 한다. 학교와 사회라는 정형화된 틀과 과거의 방식에 갇혀 있다면, 이는 보이지 않는 감옥과 같다. 진정한 자유와 성공은 이 틀을 깨고, 창의적인 생각과 깨어 있는 눈으로 현재를 바라보는 데서 시작된다. 지금껏 안주했던 생각의 감옥에서 벗어나, 현실을 직시하고 새로운 가능성을 향해 나아가야 한다.

06

간절함이 성공으로 이끈다

　폭행, 절도, 사기, 살인 같은 범죄는 누구나 떠올릴 수 있는 대표적인 죄목이다. 죄를 짓고 감옥에 있는 사람들에게는 한 가지 공통점이 있다. 사람을 때리면 안 된다는 것을 알면서도 순간 화를 참지 못해 주먹이 먼저 나가 감옥에 가고, 물건은 돈을 주고 사야 한다는 걸 알면서도 욕심이 더 커서 훔치다 감옥에 간다. 돈을 쉽게 벌겠다는 생각에 사람을 속여 돈을 갈취하고 감옥에 가며, 분노를 억누르지 못해 흉기를 들어 사람을 살인한 끝에 감옥에 이르게 된다.

　대부분의 사람은 자신이 저지른 행동이 죄가 된다는 걸 알고 있다. 모른 채 죄를 짓는 경우는 거의 없다. 하지만 마음속에서 올라오는 강한 욕망을 이기지 못해 결국 죄인이 되는 것이다. 법관도 변호사도 경찰관도 교사도 죄를 짓고 감옥에 갈 수 있다. 이들에게서 공통적으로 보이는 건, 바로 참을성과 인내심의 부족이다.

그럼 부자가 되어 성공한 사람, 운동으로 성공한 사람, 공부를 잘해서 성공한 사람들의 공통점은 무엇일까? 죄인들과는 반대이다. 바로 인내를 잘하는 사람들이다. 돈을 벌기 위해 놀고 싶은 마음을 참고, 힘들게 일하는 것을 견뎌 냈을 것이다. 운동으로 성공한 사람 역시 마찬가지다. 피곤한 몸을 일으켜 새벽 5시에 운동을 시작하고, 아침·점심·저녁 내내 고강도의 훈련을 참고 견디며 결국 세계적인 스타가 되었을 것이다.

공부를 잘하는 사람 또한 수면시간을 줄이고, 친구들과 수다를 떨거나 게임을 하고 싶은 마음, 스마트폰 속의 재미있는 유혹들을 이겨 내며 인내했을 것이다. 여러분이 바라는 '성공'이라는 것을 이루기 위해서도 마찬가지다. 반드시 인내가 필요하다.

100% 살 빼는 방법이 있다. 누군가 당신에게 '한 달 안에 당신이 원하는 만큼 살을 빼면 10억을 주겠다'라고 말한다면 가능할 것이다. 반대도 가능하다. '실패하면 팔을 하나 자르겠

다'고 한다면. 너무 극단적인가?

　그런데 이렇게 꼭 해야만 하는 큰 이유가 있지 않고서는 성공하기란 쉽지가 않다. 집에 불이 났다. 어머니가 안방에서 깊이 잠들어 계신다. 아무리 소리쳐도 일어나지 않으신다. 바닥에는 유리 파편이 흩어져 있고, 당신은 현재 맨발이다. 1분 안에 가스가 폭발할지도 모르는 긴박한 상황. 신발을 가지러 갈 시간이 없다. 당신이라면 어떻게 할 것인가?

　이런 상황이 닥치면 아마 모든 사람이 맨발로 뛰어 들어가 어머니를 끌어내려 할 것이다. 이 순간에는 발바닥이 아프다는 생각보다는 '어머니를 구해야 한다'는 마음이 훨씬 크고 간절하기 때문에 고통이 잠시 의식에서 멀어진다. 그리고 나중에 어머니를 구해낸 뒤 정신을 차리고 나면 수많은 유리 파편과 피로 젖은 발이 눈에 들어올 것이다.

　여러분이 원하는 성공에는 이런 간절함이 있는가? 지금은 그저 벗어나고만 싶고, 고통은 견디기 싫다면 결국 실패하고 말 것이다. 간절함이 없다면, 간절한 마음을 만들어야 한다. 여러분 스스로를 벼랑 끝으로 몰고 가라. '성공하지 않으면 안 되는 상황'을 직접 만들어야 한다. 이 간절한 상황만 만들 수 있다면, 당신의 행동은 그 누구도, 어떤 악조건도 막을 수 없게 될 것이다. 왜냐하면, 그 간절함이 너무나도 크고 절실하기 때문이다.

  그럼 또 여러분은 이렇게 질문할지도 모른다. "그럼, 집에 불이라도 질러서, 오갈 데도 없고 잠잘 곳도 없이 내 상황을 일부러 힘들게 만들어야 한단 말인가요?" 당연히 아니다. 이제 방법을 알려 주겠다. 인간에게는 아주 특별한 능력이 하나 있는데, 바로 상상력이다. 물론 현실 세계에서 어느 정도 내가 움직일 수밖에 없도록 환경을 조성하는 것도 중요하다. 하지만 우리는 상상력을 통해서도 충분히 스스로를 벼랑 끝에 세울 수 있다. 지금이 '모든 걸 걸어야 하는 순간'이라고 믿는 것만으로도, 우리의 태도와 행동은 완전히 달라질 수 있다.

  내가 직접 해 본 것 중 가장 효과가 좋았던 방법 하나를 말해 주겠다. 정말 추웠던 어느 날 저녁, 잠바도 입지 않은 채 어두운 산기슭에 서서 먼 곳을 바라본다. 살을 파고드는 매서운 추위를 온몸으로 느끼며 상상해 보는 것이다. '지금 내가 열심히 움직이지 않으면, 머지않아 얼마나 더 힘든 미래가 나를 기다리고 있을까?' 빚쟁이가 집까지 찾아오고, 배우자와는 금전적인 스트레스로 잦은 다툼을 하다 결국 이혼하게 되는 그런 미래를 계속해서 떠올리는 것이다.

  당신이 가장 일어나면 안 된다고 생각하는 최악의 불행을 떠올려야 한다. 직접 꼭 해 보자. 정말 효과가 뛰어날 것이다.

사람이 겪는 여러 가지 고통이 있지만, 그중에서도 추위만큼 고통스럽고 정신이 번쩍 들게 만드는 자극도 드물다. 따뜻한 방 안에 앉아 편안한 자세로 아무리 상상해 봤자 머리로는 가능할지 몰라도 몸으로는 와닿지 않을 것이다.

반드시 춥고 외롭고 어둡고 무서운 벌판에 나 혼자 서서 상상해야 한다. 이것을 실제로 행동에 옮기고 나면, 간절함이 조금이라도 생겨날 것이다. 그리고 지금 당신이 살고 있는 이 지극히 평범한 일상이, 얼마나 행복한 것인지도 새삼 느끼게 될 것이다. 이 행복을 잃고 싶지 않다는 마음, 그것 또한 강력한 원동력이 되어 결국 당신을 움직인다. 당신이 아직 성공하지 못한 이유는 아직 고통이 덜했고 간절함이 부족했기 때문이다.

07

행복의 조건

　가족이 건강하고 행복해하는 모습을 볼 때, 돈이 넉넉해 마음이 여유롭고 평온할 때, 사랑하는 연인을 만났을 때, 사랑스러운 아기를 볼 때, 가고 싶었던 세계 여행을 시간과 돈에 구애받지 않고 떠날 수 있을 때, 낚시, 등산, 골프 등 내가 좋아하는 취미를 즐길 때. 행복은 이처럼 사람마다 다르게 느껴질 수 있다. 그러나 현재가 행복하지 않은 사람은 과거를 후회하고 미래를 걱정하며 살아간다.

　행복은 크게 두 가지로 나뉜다. 물질적인 행복과 정신적인 행복이다. 그런데 나는 당신에게 세 가지를 드릴 것이다. 그

세 번째가 무엇인지는 책을 끝까지 읽고 나면 알게 될 것이다. 사람들이 평소에는 잘 떠올리지 못하는, 바로 '그 무엇' 한 가지. 보통의 경우 사람들은 물질적인 행복을 가장 중요시한다. 바로 돈이다.

물론 나도 돈을 많이 벌었으면 좋겠다. 그리고 이 책에서는 돈을 벌기 위해 필요한 요소들을 분명히 알려 주고 있다. 하지만 정신적인 행복 또한 매우 중요하다. 물질적인 것만을 쫓으며 살아가고, 원하는 만큼 부를 이루었다 하더라도 결국 죽음을 앞두게 되었을 때, 깨닫게 될 것이다. 인간의 삶이 얼마나 짧고 허망한지를.

현재 우리나라는 충분히 많은 발전을 이루었고, 후진국들과 비교해도 매우 잘사는 나라가 되었다. 그런데도 행복지수는 왜 이토록 낮은 걸까? 우리나라 사람들은 대체로 큰 평수의 아파트에 살고 싶어 하고, 비싼 승용차를 타고 싶어 한다. 심지어 집은 월세를 살면서도, 차는 벤츠를 몰고 다니는 경우도 종종 있다. 허세인 것이다.

자녀 교육 역시 아이의 진짜 행복에 대한 고민보다는 "누구의 아들이 어느 대학에 들어갔다", "누구의 딸이 어느 회사에 취직했다"는 식의 비교에 치우쳐 있다. 결국 남들과 똑같이 따라 하려다 보니 부모도 아이도 모두 지쳐 간다. 그로 인해 뛰어놀아야 할 아이들은 학원에서 학원으로, 고액 과외에서 또 다른 수업으로 내몰리며 "좋은 대학에 들어가야 좋은 직장을 갖고, 그래야 행복해질 수 있다"는 강박관념 속에서 자라게 된다.

진정 행복해지려면 다른 사람의 시선을 지나치게 신경 쓰지 말아야 한다. 이미 말했듯이, 이제는 내 기준의 행복을 찾기 바란다. 간단한 실험을 해 보자. 지인 중 한 명이 당신에게 5만 원 한 장을 선물로 준다. 기분이 어떠한가? 아마 기분이 좋아질 것이다. 그런데 바로 옆 사람에게는 5억 원을 준다. 그리고 그 옆 사람에게도 또 5억 원을 준다. 이제 기분이 어떤가? 조금 전의 기쁨이 불만으로 바뀌었을 것이다.

이처럼 행복의 기준을 상대적 비교에 두는 순간, 우리는 평생 불행과 경쟁하며 살아갈 수밖에 없다. 지금 가지고 있는 것에 감사하고 그 자체로 행복할 줄 아는 마음이 필요하다. 선진국의 경우 교육 환경은 다음과 같은 점에서 우리와 다르다.

- 학생의 개인의 잠재력과 필요에 맞는 교육을 제공한다.
- 초기 교육 단계부터 산업 현장에서 필요한 실질적인 기술을 가르친다.
- 이론과 실무를 함께 배우며, 균형 잡힌 학습을 지향한다.

- 개인이 사회의 구성원으로 자생하는 삶을 살아갈 수 있도록 교육한다.
- 아이들에게 성적순으로 서열을 매기지 않고 일반적인 평가 기준을 적용한다.

축구에 재능에 있는 아이는 축구장으로 가야 하고, 과학에 재능이 있는 아이는 실험실로 가야 하고, 피아노에 재능이 있는 아이는 피아노 앞에 앉아야 한다. 그런데 타고난 능력이 모두 다른 우리 아이들은 학교에서 똑같은 주입식 교육을 받고, 마치 공장에서 같은 제품을 찍어내듯 국어·영어·수학 학원으로 똑같이 향한다.

이 아이들은 오늘 하루가 만족스럽고 행복할까? 이러다 보니 창의성과 비판적 사고 능력이 떨어질 수밖에 없다. 성적이 뭐길래, 죽음까지 선택하게 되는가? 공부 못하는 게 과연 죽을 일인가? 그렇다면, 이 글을 쓰고 있는 나는 30년 전에 이미 죽었어야 하지 않았을까? 남들의 시선을 지나치게 의식하고 스스로를 자책하며, 슬픈 감정을 통제하지 못하다 보니 이런 비극적인 일들이 생겨난다.

예전에 내가 미국에서 약 5년간 머물렀을 때, 한 미국 친구가 이런 질문을 했다. "왜 너희는 24시간 일해?" (24시간 내내

일한다는 뜻이 아니라, 새벽에도 문을 여는 편의점이나 찜질방 같은 것을 말한 듯했다) 나는 대답했다. "그야 돈을 벌어야 하니까. 돈이 있어야 원하는 걸 살 수도 있고, 좋은 곳에 여행도 갈 수 있고, 가족들에게도 원하는 걸 해줄 수 있으니까. 결국은 행복하려고 힘들어도 참고 일하는 거지."

그러자 그 친구가 이렇게 말했다. "그럼 남들 잠자는 새벽에 일하는 게 행복해? 남들 쉬는 날에 일하는 게 행복해? 오늘이 힘들고 불행하면서, 올지 안 올지도 모르는 미래를 위해 오늘의 불행을 감수하는 게 과연 맞는 걸까? 그래서 우리는 그렇게 살지 않아." 그 말을 듣고, 더 이상 아무 말도 할 수가 없었다. 너무 맞는 말이다….

지나간 시간은 절대 다시 돌아오지 않는다. "돈을 모아서, 나중에 아이들과 함께 유럽 일주를 해야지…." 그렇게 미루다 보면, 어느새 아이들은 훌쩍 자라 중학생, 고등학생이 되어 버린다. 작은 것에도 기뻐하고 감사하는 동심이 사라져 버린 뒤가 된다. 물론 크루즈를 타고 떠나는 유럽 일주도 좋다. 하지만 주말에 가까운 놀이동산에 가서 솜사탕을 사 주고 아이를 안고 꽃밭에서 행복하게 웃으며 찍은 가족사진 한 장이 어쩌면 내 삶에서 더 소중한 기억일 수 있다. 나중에 더 멋진 곳을 여행하는 것보다도, 아이들은 지금의 이 따뜻한 추억을 더 깊이 간직하고, 부모의 사랑을 평생 마음에 품고 살아갈 것이다.

이런 말이 생각난다. "여행은 다리 떨릴 때 가지 말고 가슴 떨릴 때 가라." 예전에 유럽 여행을 했을 때, 프랑스의 유명 관광지인 몽마르트 언덕에 간 적이 있었다. 독일에서 버스로 8시간을 달려 도착한 뒤, 가파른 언덕길을 걸어 올라가야 했다. 그런데 함께 버스를 타고 온 80대 노부부는 버스에서 내리자마자 벤치에 앉아 움직이지 않으셨다. "왜 올라가지 않으세요?" 하고 여쭤보니, 힘들어서 우리는 올라갈 수 없다고 하셨다. 그러면서 "우리 대신 많이 구경하고, 사진도 많이 찍어 와서 보여 달라"며 먼저 올라가라는 손짓과 함께 해맑게 웃으셨다.

알고 보니, 그 노부부의 아들이 독일 장교가 되어 돈을 많이 벌면서 이제야 부모님께 효도해 드린다며 유럽 일주를 시켜 드리는 중이었다. 그런데 이것이 과연 진짜 '효도 관광'일까? 우리가 언덕 위를 1~2시간 동안 돌아다니며 구경하고, 사진도 찍고, 기념품도 사고 있을 동안 노부부는 벤치에 앉아 샌드위치를 드시며 그대로 기다리고 계셨다. 허리 아픈 걸 참고 8시간을 버스로 달려 와서 결국은 언덕 아래 벤치에서 샌드위치 한 끼로 이 시간을 보내고 있는 그 모습이 보는 나조차 허탈하고, 왠지 모르게 서글퍼졌다. 모든 것에는 '때'가 있다는 걸 그날 확실히 알게 되었다. 아무리 좋은 것도 때가 지나면 그 가치가 없어진다. 나는 그 두 노부부를 보며 참 많은 것을 깨달았다.

    일도 열심히 할 수 있을 때 해야 하고, 즐기는 것 또한 사소한 것이라도 하루 속에서 행복을 찾아야 한다는 것을 이제는 분명히 알 것 같다. 하지만 나머지 10%의 사람들, 그들은 어떨까? 한 번쯤 생각해 본 적 있는가? 그들은 장소나 시간에 구애받지 않고 일하고 싶을 때 일하고 쉬고 싶을 때 쉬며, 즐기면서 일하고, 주어진 오늘 하루를 행복하게 살아간다. 오늘이 행복해야, 내일의 행복도 비로소 가치가 있는 것이다.

08

부자는 돈보다 시간을 더 소중하게 생각한다

세상에서 가장 비싼 것은? 시간이다. 대다수의 사람은 자신의 시간+노력을 돈과 바꾸며 살아간다. 편의점 알바생은 자기의 1시간을 시급 1만 원과 바꾼다. 다른 누군가는 1시간에 10만 원을 벌기도 하고 또 다른 누군가는 1시간에 1,000만 원을 벌기도 한다.

그렇다면 이 소중한 시간을 어떻게 하면 더 가치 있게 만들 수 있을까? 시간과 돈의 노예가 아니라, 그로부터 자유로운 삶을 살기 위해선 어떻게 해야 할까? 예를 들어, 누구는 건물주여서 월세 수입만으로 살아간다. 일하지 않아도 돈이 들어오니 여유로워 보인다. 하지만 최근에는 자영업자의 줄폐업으로 인해 건물에 임대가 나가지 않고, 공실 상태로 방치되는 경우가 많다. 결국 건물 구입 당시 은행에서 받은 대출을 감당하지 못해, 50억, 100억짜리 건물이 경매로 넘어가 파산하는 사례도 생기고 있다.

앞서 말했듯이, 이제는 시대가 바뀌었다. 이제부터 하나의 예시를 들어 이해를 도와 보자. 실제 사례는 아니다. 예를 들어, 핸드폰 하나의 가격이 100만 원이라고 하자. 소비자가 100만 원을 지불하면, 겉으로는 핸드폰을 판매한 회사에 100만 원의 이익이 생긴 것처럼 보인다. 그런데 정말로 회사 사장이 직접 핸드폰을 디자인하고, 제조하고, 판매까지 모두 혼자 할까? 물론 아니다. 지금은 일을 나누고 협업하며 시스템으로 움직이는 시대다.

예를 들어, 핸드폰을 기획한 사람에게 20만 원, 제작한 사람에게 20만 원, 판매·영업을 담당한 사람에게 20만 원이 돌아간다고 하자. 그리고 이 모든 일을 기획하고 추진한 사장님이 40만 원을 가져간다. 그렇다면, 사장님이 하는 일은 무엇일까? 바로 생각과 추진이다. 직원들에게 적절한 월급을 주고, 각자 행동하게 만든다. 결과적으로 보면, 직접 노동하기보다 '생각'을 제안하고 시스템을 만든 사람이 더 많은 이익을 얻게 된다.

그렇다면 나는 오늘부터 무엇을 시작해야 할까? 첫 번째는 '생각'이다. 월 100만 원을 벌고 싶다고 생각하면, 그에 맞는 기회와 수단만 눈에 들어온다. 월 1,000만 원을 벌고 싶다고 생각하면, 그만큼의 크기를 가진 일만 보이게 된다. 월 1억을 벌고 싶다면? 그릇의 크기, 생각의 크기는 바로 여러분이 정하는 것이다.

"다 필요 없고, 그래서 뭘 어떻게 해야 돈을 많이 벌고 성공하는 건지, 빨리 좀 알려 줘!"

당신의 속마음이 마치 소리처럼 들려오는 것만 같다. 하지만 걱정 마시라. 이 책의 마지막 장까지 읽다 보면 분명히 길이 보이기 시작할 것이다.

09

대가를 지불해라

세상 모든 것은 대가를 지불해야 얻을 수 있다. 그것이 기본 원칙이다. 1,000원짜리 과자를 사려면 1,000원을 지불해야 한다는 것은 어린아이들도 안다. 100만 원짜리 스마트폰을 사고 싶으면 100만 원을, 1억짜리 자동차를 사고 싶으면 1억 원을 지불해야 한다.

그런데 그렇게 많은 돈을 지불하는 게 아깝다. 그러면 결국 갖지 못한다. 성공도 마찬가지다. 성공하려면 반드시 '대가'를 지불해야 한다. 경제 공부를 하고, 책을 읽고, 생각하고, 열심히 행동해야 한다. 그런데 많은 사람들은 그것이 귀찮고 어렵다. 그 대신 부자가 되고 싶은 마음은 간절해서 쉽고 빠른 길을 찾아 헤맨다. 결국 선택하는 것은 주식, 도박, 비트코인, 부동산 투기다. 말 그대로 큰 노력 없이 한 방에 성공하는 방법만 찾는 것이다. 내 주변에도 이런 것들로 인해 예전보다 훨씬 힘든 삶을 살고 있는 사람들이 여럿 있다. 당신은 대가를 치를 마음의 준비가 되었는가?

준비가 되었다면 오늘부터 시작하자. 지금부터는 바로 행동해야 한다. 생각해서는 안 된다. 제일 처음 시작은 쉽게 말해 지르고 봐야 한다. 하다가 중도에 포기하는 사람보다 시작도 안 하고 포기하는 사람이 더욱 많다. 헬스장을 다니기로 결심해도 "어떻게 운동하지?", "몇 시간을 해야 하지?", "어떤 순서로 하지?" 생각만 하다가 이런 저런 핑계로 시작도 못 하게 된다.

일단 시작은 행동이 먼저다. 지금 당장 서점으로 가서 나에게 도움이 될 만한 책 한 권과 노트를 구입하고 첫 장에 당신이 원하는 목표를 적어라. 어떻게 달성할 것인지는 신경 쓰지 말고 원하는 것을 일단 적으면 된다. 어떤 이성이 마음에 들었을 때를 떠올려 보자. "내 짝이 되면 좋겠다"는 생각이 들면 방법은 자연스럽게 떠오른다. 어떻게 다가갈지 주변에 물어보고, 책을 찾아보고, 어떻게든 방법을 '스스로' 찾기 시작한다.

아무 걱정 말고 우선 당신이 원하는 목표를 노트에 다 적어라. 생각하고 적으려 하지 말고 일단 적고 나서 생각하라. 생각하고 나서 적으려 하면 현실과 부딪쳐 해 보기도 전에 포기하게 된다. 그래서 결국 아무것도 시작되지 않는다. 만약 당신이 원하는 것이 '돈'이라면 단순히 "부자가 되고 싶다"라고 쓰는 것이 아니라 정확한 금액과 기한을 명시해야 한다. 예를 들어, "나는 몇 년 몇 월까지 얼마를 벌겠다"라고 구체적으로 적어라. 그다음은 단순하다. 그 목표를 이루기 위해 하루하루 관련 책을 읽고, 생각하고, 하나씩 꾸준히 행동하면 된다.

그리고 노트 한쪽에는 당신의 단점과 장점을 각각 10개씩 적어보자. 아마 단점은 금방 쭉쭉 써 내려갈 수 있을 것이다. 하지만 장점은 3~4개 정도 쓰다 보면 어느새 펜이 멈춰 버릴 것이다. 대부분의 사람은 단점이 훨씬 많다고 생각한다. 우리는 늘 "내일부터 일찍 일어나야지", "운동을 해야지" 하며 새로운 계획을 세운다. 물론 좋은 일이다. 하지만 한 번쯤은 거꾸로 생각해 보자. '현재의 나'에게 있는 단점을 하나씩 지워 나가는 것. 그것이 더 빠르고 분명한 변화의 시작일 수 있다.

늦게 자는 게 단점이라면 "오늘부터는 일찍 자겠다"고, 매일 술을 마시는 것이 단점이라면 "내일부터 평일에는 술은 마시지 않겠다"고 결심한다. 이렇게 당신의 단점이 하나씩 사라진다면 지금 정한 목표에 더욱 빠르게 도달할 수 있다. 장점도 늘리고, 단점도 없애 나가는 것. 둘 다 할 수 있다면 최고겠지만, 욕심을 내지 말고 하나씩 하나씩 변화시켜 나가자. 이때 가장 중요한 것은 꾸준함이다.

10

인생 역전의 시작

"시작이 반이다"라는 말이 있다. 당신은 성공으로 가는 길에서 가장 어려운 시작점을 돌파했다. 노트에 다 적었다면 순서를 바꿔 보자.

생각 → 행동 → 결과

첫 번째는 생각이다. 두 번째는 행동이다. 그런데 여기서 중요한 점은 단순한 행동이 아닌, 꾸준한 행동이다. 꾸준함이 답이다. 오늘과 내일, 아무리 열심히 해도 하루 이틀에 큰 변화는 일어나지 않는다. 하지만 인내를 가지고 꾸준히 행동한다면 모든 것은 서서히 변화해 간다.

  손톱이나 머리카락이 자라는 건 눈에 보이지 않는다. 하지만 매일 조금씩 계속 자라고 있다는 것은 누구나 알고 있다. 매일 거울을 봐도 머리카락이 길었다는 것을 느끼지 못하다가 어느 날 갑자기 거울을 보면 지저분하고 덥수룩해 보인다. 그럼 결국 미용실에 가게 된다. 머리카락이 서서히 자라듯, 성공도 매일 조금씩 성장해 간다. 어느 날 갑자기 머리카락이 확 자란 것처럼 느끼듯 원하던 성공을 이룬 자신을 만나게 될 것이다. 오늘이 시작하기에 가장 좋은 날이다.

  작은 일도 못 하는 사람은 당연히 큰일도 못 한다. 성공과는 거리가 먼 인생을 살고 있는 사람들은 이렇게 시작하자고 생각해도 바로 행동으로 옮기려고 하지 않는다. "내일부터 하면 된다", "다음 주부터 시작하자" 하고 말하며 계속해서 미루기만 한다.

  "그때 그걸 했다면 좋았을 걸" 하고 회상하며 후회하는 일은 없었는가? 길 가다 우연히 마음에 드는 이성에게 말을 걸어 짝이 될 확률은 몇 퍼센트일까? 답은 반반이다. 짝이 될 확률 50%, 거절당할 확률 50%. 그런데 말도 걸어 보지 않고 집에 가서 '그때 말이라도 걸어 볼 걸. 날 좋아할 수도 있었잖아'라고 후회한다면 확률은 0%, 즉 제로이다. 그리고 '잘될 수도 있었을 텐데'라는 생각이 계속 머릿속에 맴돌면 그건 결국 스트레스다. 차라리 거절을 당했으면 바로 포기하고 후회하지 않았을 텐데….

우리는 방법을 모르는 것이 아니다. 문제는 행동이 되지 않는 것이다. 달리기를 잘하려면 달리기를, 공부를 잘하려면 공부를, 힘이 세지려면 운동을 해야 한다. 그걸 알고는 있지만 실행하지 않는다.

성공한 삶은 발전하는 생각을 하고, 목표를 정하고, 매일 그것을 습관으로 만들어 꾸준히 계속하느냐, 안 하느냐의 싸움이다. 좋은 결과도 나쁜 결과도 '생각-행동-결과'의 과정으로 이루어진다. 많은 책에서 어렵게 영어를 써가며 4단계, 5단계, 6단계 무슨 법칙, 무슨 법칙을 풀이해 준다. 하지만 사실 그것은 너무 간단하다. 다음의 것을 꼭 한번 지금 바로 따라 해 보길 바란다.

우선 내 방에 앉아 전등을 바라본다.
(공공장소나 커피숍이어도 상관없다)
생각: 전등을 켜고 싶다.
행동: 움직이지 말고, 그대로 쳐다만 보고 있다.
결과: 아무것도 변화하지 않는다. 깜깜하다.

이것이 바로 여러분이 앞으로 겪을 어두운 삶과 미래이다. 생각 없이 행동하지 않으면, 내 미래는 절대 바뀌지 않는다. 이제 똑같은 조건에서 행동을 다시 한번 해 보자! 잠시 책 읽는 것을 멈추고, 잠깐이라도 해 보길 바란다.

생각: 불이 꺼진 방에서 형광등을 바라보며 불을 켜고 싶다.
행동: 몸을 움직여서 스위치를 올린다.
결과: 온 방이 밝아졌을 것이다.

이걸 따라 해보고 무엇인가 느꼈다면, 난 당신이 앞으로 크게 발전할 것을 믿는다. 단순하지만 아주 많은 것을 깨달아야 한다. 그런데 이런 사람이 있다. "선등을 끄고 싶다"라고 생각하지만, 행동은 하지 않는다. 1년이고 2년이고 계속 쳐다만 보고 있다면 형광등은 점점 깜빡거리다가 완전히 꺼지고, 다시는 켜지지 않는다.

내가 원하지 않았는데도 현실이 바뀌는 때가 있다. 바로 죽음이다. 내가 원해서가 아니라, 전구의 수명이 다하면 불이 꺼지듯이, 여러분의 삶도 여러분이 원하지 않는 시점에 자동으로 꺼질 것이다.

생각: 돈을 많이 벌고 싶다.

행동: 돈을 벌 행동을 한다. (성공한 사람들의 책을 읽고 영상을 찾아본다) 그리고 하나씩 나도 따라 해 본다.
결과: 돈으로부터 자유를 얻게 된다.

전 세계 대부분 성공한 사람들은 하나같이 다 똑같은 말을 한다.

- 책을 본다.
- 운동을 꾸준히 한다.
- 아침에 일찍 일어난다.
- 정리 정돈을 한다.
- 명상을 한다.
- 메모를 한다.

그런데 나는 지금까지 완전 반대로 살고 있었다.

- 책을 안 본다.
- 운동을 안 한다.
- 아침에 늦게 일어난다.
- 정리 정돈을 안 한다.
- 명상을 안 한다.

- 메모를 안 한다.

이걸 인생의 반을 살아온 지금에 알아차린 내가 한심하다. 아니 다행이다. 지금이라도 알았으니 바꿀 수 있기 때문에…. 그러니 배는 볼품 없이 나와 있고, 일은 많이 하면서 힘들고 피곤에 젖어 돈에 허덕이며 힘들게 살아가고 있다. 성공한 사람들과는 정반대로 살아왔으니 어쩌면 당연한 결과인 것 같다.

그런데 사람들은 이를 깨닫지 못한다. 왜? 시작(생각)하지 않기 때문이다. 내 인생 후반전의 시작은 서점에서 시작된 것 같다. 2달 전쯤 우연히 서점에서 책 한 권을 보았고 읽다 보니 결국 구입하게 되었다. 『고전이 답했다 마땅히 살아야 할 삶에 대하여』라는 책이었다.

고명환 작가님을 검색해 봤는데 개그맨이셨다. 나는 그분의 개그를 직접 본 세대이다. 그런데 작가가 되셨다는 사실은 전혀 몰랐다. 검색하다 보니, 유튜브 채널에서 매일 새벽, 단 하루도 빠짐없이 긍정 확언을 하시는 영상을 보게 되었다. 이분은 참 대단하다고 느꼈다. 그때 나도 아침형 인간으로 살아보자 마음먹고, 바로 그다음 날 새벽부터 시작한 것이 지금까지 계속 꾸준히 이어지고 있다. 이 습관은 지금 나에게 아주 좋은 변화를 가져왔다.

이 책을 통해 고명환 작가님께 감사의 마음을 전하고 싶다. 이 책을 쓰기 시작한 것도, 한 줄 일기를 "매일 아무렇게라도 써 보라"는 작가님의 조언 덕분이다. 그 조언을 따라 쓰기 시작했는데, 어느덧 이렇게 책 한 권이 만들어졌다. 매일 아침, 그는 "다른 사람에게 이로운 가치를 나눈다"라고 외치고 계신다. 그게 내게도 닿아 결국 이 책으로써 이루어졌다. 당신도 책 한 권, 아니면 따라 하고 싶은 한 사람을 찾아보라.

성공의 조건
'인내와 간절함, 그리고 행동'

성공은 힘든 과정을 견뎌내는 인내심과 간절함에서 비롯된다. 불구덩이 속에서 엄청난 고통을 참으며 어머니를 구하려는 필사적인 마음, 목표를 달성하기 위해 팔 하나를 걸 정도의 절박한 마음처럼 '반드시 해내겠다'는 깅렬한 동기가 없다면 작은 어려움에도 쉽게 포기하고 좌절할 것이다. 성공하지 않으면 안 되는 상황을 만들고, 매사에 벼랑 끝에 선 심정으로 임한다면 이루지 못할 것은 없다.

부자는 돈보다 시간을 소중히 여기며 벌어들인 시간으로 '생각'을 하고 추진력을 얻어 시스템을 구축한다. 생각의 크기가 결과의 크기를 결정할 것이다. 세상 모든 것은 대가를 지불해야 얻을 수 있듯, 성공 역시 생각하고, 배우고, 행동하는 노력이 필요하다. 망설이지 말고 지금 당장 목표를 적고, 꾸준히 실천하라. 그럼 지금부터 인생 역전 시작이다!

11

하루는 밤부터 시작된다

하루는 아침이 아닌 그 전날 밤부터 시작된다. 그래서 이제는 밤 11시 전에는 잠을 청한다. 왜? 내일의 나를 위해서다. 몸살감기가 심하게 걸려 아파 죽겠는데 과연 좋은 생각과 행동을 할 수 있을까? 컨디션이 좋으면 생각도 바르고 진취적으로 할 수 있다.

하지만 우리는 현재의 삶을 힘들어하면서 지친 몸을 이끌고 지인과 어울린다. 직장의 불만을 안주 삼아 사회와 정부를 비판하며 고된 하루를 마무리한다. 결국 그다음 날 컨디션이 떨어져 일이 꼬인다. 상사에게 혼나고, 하루 종일 피곤해

일의 능률도 떨어진다. 하루는 그 전날에 이미 시작된다. 주말의 가벼운 음주는 삶에 긍정적 작용을 한다고 생각한다.

하지만 늦은 시간까지 몸을 해치며 시간과 돈을 투자해서 술을 마시는 건 삶을 불행으로 이끄는 아주 안 좋은 행동이다. (만약 당신이 술을 마시지 않는다면 게임이나 핸드폰 중독 아니면 아무것도 하지 않고 시간을 허비할 것이다) 이제부터 악습관을 버리자.

영업직 회사에 다닐 때 일이다. 우리 회사는 물건 하나를 팔면 왜 100만 원이냐고 불평한다. 경쟁 회사는 110만 원을 주는데, 10만 원을 덜 받는 게 불만인 것이다. 불평과 불만이 쌓인 사원들이 한두 명씩 모여 회사 옥상 구석에 자리를 잡고 담배를 피우며 회사를 욕한다. 그런데 이 사원들의 한 달 영업 실적을 보면, 평균적으로 2~3건을 팔아 낸다. 그럼 한 달 월급은 200~300만 원이다. 결과적으로, 20~30만 원을 덜 받는 게 불만인 셈이다. 그런데 사직서를 내고 경쟁 회사로 가게 되면, 한 달에 10건 이상 실적을 올릴 수 있을까? 아니다. 똑같다. 안에서 새는 바가지는 바깥에서도 샌다. 어디를 가도 영업 실적은 나아지지 않는다. 그러니 본인의 마인드가 먼저 바뀌어야 한다.

그런데 같은 회사에 또 다른 집단이 회의실에 모여 있다.

이 집단은 평균 8~10건 정도 판매 실적을 올리는 사람들이다. 한 달 800~1,000만 원을 받아 간다. 그런데 영업을 해 본 분들은 알겠지만. 이 정도 실적을 내는 사원들에게는 특별 보너스가 있다. 해외여행을 보내 주기도 한다. 다른 회사에서 더 준다는 10~20만 원에 관심보다는 내가 우리 회사에서 어떻게 2~3건을 더 해서 200~300만 원을 더 가져갈 것인가에 모든 생각이 집중되어 있는 사람들이다. 그리고 서로 어떻게 실적을 그렇게 잘 내는지 노하우를 공유하고 발전하기 위해 모인다. 자, 당신은 어느 쪽에 해당하는가?

- 나를 바꾸는 게 쉽지 회사를 바꾸기는 어렵다.
- 나를 바꾸는 게 쉽지 나라를 바꾸기는 더 어렵다.
- 나를 바꾸는 게 쉽지 남을 바꾸기는 정말 어렵다.

그럼 오늘 밤부터 가장 쉬운 나를 바꾸는 일부터 시작해보자.

12

악마가 인간에게 준 선물

악마는 인간에게 두 가지 선물을 주었다고 한다. 바로 술과 미디어이다. 술은 정신을 몽롱하게 만들고 시간을 아주 많이 빼앗아 간다. 마실 때에도 빼앗아 가지만 마시고 난 다음 날까지 빼앗아 간다. 핸드폰이나 컴퓨터는 의미 없이 만지다 보면 1~2시간은 훌쩍 지나가 버린다. 이 둘의 공통점은 시간을 아주 많이 빼앗아 간다는 점이다. 그래서 자기 발전을 할 수 있는 시간을 갖지 못하게 만든다. 신과 자신에 대해 생각할 시간 또한 빼앗는다.

악마는 인간이 행복한 것을 가장 싫어한다. 신의 존재를 아는 것도 당연히 싫어한다. 악마의 선물을 멀리하길 바란다. 나는 크리스천이기 때문에 아침에 눈 뜸에 감사, 힘들어도 일할 수 있는 직장이 있다는 것에 감사, 가진 것이 많이 없어도 장애 없는 사지 멀쩡한 육체가 있다는 것에 감사한다. 종교가 있다는 것은 행복한 삶을 살아가는 데 아주 큰 힘이 된다.

이 책의 뒤쪽에서 신에 대해 이야기해 보겠다. 우리는 왜 신을 꼭 믿어야 할까? 성공과 관련이 있기 때문이다. 일이 잘 풀리지 않는 사람들에게는 공통점이 있다. 바로 불평불만이 가득하고 비판적이고 부정적 성격이 강하다는 것이다. 유인력의 법칙을 아는가? 자석이 쇠를 끌어당기듯 부정적인 사람은 주위에 부정적인 것들을 끌어당기고, 긍정적인 사람은 주위에 긍정적인 것들을 끌어당긴다. 부정적인 사람은 진짜 답이 없다.

아는 후배가 짜증을 많이 내기에 "왜 그러냐?"라고 물어보니, "날씨가 너무 더워서 그런다"고 투덜거렸다. "그럼 아프리카 열대지방 사람들은 365일 짜증 내고 살아야 하냐?"라고 물어보니 답이 없다. '더워 죽겠다', '추워 죽겠다', '배고파 죽겠다', '배불러 죽겠다' 온갖 죽겠다는 말이 이어진다. 심지어 '재밌어 죽겠다', '예뻐 죽겠다', '좋아 죽겠다'고도 한다. 아니 재밌는데 왜 죽고, 좋은데 왜 죽는가? 행복해 죽을 것 같으니 불행하게 사는 건가? 이쯤 되면 그냥 뭘 해도 죽고 싶나 보다 라고 생각하게 된다.

현재를 불만족스럽게 사는 사람들은 모든 것을 남의 탓으로 돌린다. 그러다 보면 자신의 잘못을 고칠 기회를 얻지 못한다. 그렇게 잘못된 사고방식으로 살아가면 현실 세계 또한 바뀌지 않는다는 걸 명심하길 바란다.

어디에선가 이런 글귀를 본 적이 있다.

부정적인 사람은 한 것이 없고, 긍정적인 사람은 한계가 없다.

13

행동으로 이어지지 않는 좋은 생각은 쓰레기나 다름없다

"밥을 먹었으면 바로 정리를 한다."
"방이 어지러우면 바로 청소를 한다."
"지금 필요한 것은 당장 사러 간다."
"조금 쉬었다 한다고 생각지 말고 지금 당장 하고 쉬어라."

이처럼 평소 바로 행동하는 습관을 갖는 것이 중요하다. 그런 자세가 행동력의 향상, 나아가서는 성공적인 인생과 연결되는 통로가 되기 때문이다.

- 빈 물통에 생수를 넣어놓고 다시 쏟으면 무엇이 쏟아질까?

- 빈 물통에 간장을 넣어놓고 다시 쏟으면 무엇이 쏟아질까?

아주 쉽다. 누구나 답할 수 있으리라. 넣은 것이, 넣은 대로 쏟아진다. 이를 사람에게 대입해 보자. 사람이라는 몸통에 온갖 나쁜 것들만 보고, 듣고 살면 과연 발전적이고 긍정적인 생각을 할 수 있을까? 입이라는 구멍을 통해 무엇을 쏟아 낼까? 욕설과 비방, 부정의 생각과 말이 나올 것이다.

요즘 길을 가다 중·고등학생들의 대화를 들어 보면 진짜 미래가 답답하다. 얼굴은 예쁘고 착하게 생겼는데 하는 말들은 놀랍다. 쓰레기보다 더러운 말들이 막 쏟아져 나온다. 씨○, 개○, 병○, ×× 욕을 사용하지 않고는 대화 자체가 안 되는 것 같다. 참 안타까운 현실이다. 그런데 공부는 잘한다면 지식을 배우기 전에 인성부터 배워야 한다.

'나도 저때는 저랬을까?'라는 생각을 잠시 하지만, 어른이 눈앞에 버젓이 있는데도 저 정도는 아니었던 것 같다. 그렇다면 우리 몸통에 무엇을 넣어야 할까? 인격이 좋은 사람을 만나 대화하고 책을 통해 지혜를 얻고, 자기 계발서나 영상을 통해 좋은 것을 계속 넣어 줘야 한다. 그래야 좋은 것을 생각하고 다시 쏟아 낼 수 있다. 말은 곧 그 사람이다. 생각이 좋아지려면 좋은 것을 보고 듣고 느껴야 한다.

친구도 가려 사귀어야 하고 안 좋은 미디어도 멀리해야 한다. 나 또한 한때는 성공을 위한답시고 인간관계에 혈안이 되어 힘 있는 건달부터 돈 많은 개차반 선배까지 깍듯이 모시며 살아온 과거가 있다. 매일 술자리를 했고 음주 가무에 매번 보고 들은 것은 시기하고 질투하고 욕하고 비판 뿐이였다. 하지만 부정적인 것이 나도 모르게 자연스럽게 나에게서 나오게 된다는 걸 깨닫는 순간부터 모든 것을 갈아엎었다.

20년 지기 친구나 지인이어도 욕설과 부정 거짓으로 가득 찬 친구는 과감하게 의절했고, 재산이 아무리 많은 선배여도 배울 점이 전혀 없다면 내 인생에서 과감히 잘라 버렸다. 지금은 밝은 에너지를 지닌 긍정적인 사람들만 만나려고 애쓴다.

없다면 차라리 만나지 않는다. 확고한 목표를 기대하며 행동하면서 살고 있기에 전혀 지루할 틈이 없다. 지금은 고독하게 사색하는 시간이 오히려 너무 좋다. 이 글을 보는 당신 또한 버릴 것은 버리고 새로운 삶을 산다는 마음으로 다시 시작하길 바란다. 좋은 생각이 없으면 좋은 행동으로 이어질 수 없기 때문이다.

14

목표가 없는 사람들

사람들은 원하는 게 비슷하다. 부자가 되어 돈 걱정 없이 살고 싶고, 예쁘고 멋진 이성과 사랑하며 살고 싶고, 아름답고 건강한 몸을 갖고 싶어 한다. 그런데 막상 이 모든 것을 현실로 이루는 사람은 그리 많지 않다. 뭐가 문제일까? 이유는 목표가 없기 때문이다.

"어? 저는 매번 목표를 세우는데요?"라고 말할 수 있다. 하지만 사실은, 진정한 의미의 목표를 세운 적은 단 한 번도 없다. 그저 막연히 소망했을 뿐이다. 예를 들어보자. 여러분이 집을 떠나 먼 곳으로 여행을 떠났다. 시간이 지나 여행이 끝나고, 이제 집으로 돌아갈 시간이다. 이때 "집에 가고 싶다"는 마음은 소망일까, 목표일까? 집에 돌아가는 사람들은 '소망'이 아니라 '목표'로 삼고 돌아간다. 왜냐하면, 돌아가는 방법과 경로를 알고 있고, 실행에 옮기기 때문이다. 집에 가는 길에 아무리 힘든 일이 있어도, 우리는 모든 수단과 방법을 동원해 결국 집에 도착하지 않는가? 만약 길을 잃어버리면 지나가는 낯선 사람에게 길을 묻는다. 내성적인 성격임에도 불구하고, 처음 보는 사람에게 말을 건넨다. 집에 가는 길에 넘어져 무릎에 피가 나도 절뚝이면서도 계속 집으로 향한다. 멈춰 서지 않는다. 비가 오거나 날씨가 갑자기 추워져도 발걸음은 오히려 더 빨라진다. 그리고 결국 우리는 집에 도착한다. 이것이 바로 '목표'다.

그런데 우리는 목표를 세우고 실행하다가 상황이 어려워지면 쉽게 포기해 버린다. 진짜 목표였다면 과연 포기했을까? 반드시 성공했을 것이다. 목표란 되면 좋고 안 되면 어쩔 수 없다는 식의 희망이 아니라, 무슨 일이 있어도 반드시 해내는 것, 마치 집으로 돌아가는 것과 같은 '확고한 의지'다.

그렇다면 사람들의 가장 큰 실수는 무엇일까? 처음부터 잘못된 것이다. 목표를 세웠다고 말하지만 사실은 누구나 원하는 '소망'을 마음에 품은 것일 뿐이다. 자신에게 물어보라. 그리고 주변 지인들에게도 물어보라. 의외로 '진짜 목표'가 있는 사람은 드물다. "그냥 잘 먹고 잘 살자"는 목표가 아니다. 그저 모두가 바라는 소망일 뿐이다.

전 세계 어린이에게 질문을 해 보면 알 수 있다. "나는 어른이 돼서 가난하게 살 것 같다"고 생각하는 아이? 아무도 손을 들지 않는다. "나는 커서 비만으로, 뚱뚱보로 살 것 같다"고 생각하는 아이? 장난치는 몇몇 아이들을 빼고는 아무도 없다. 아이들은 마냥 어른이 되면 행복할 것 같다고 생각한다. 어떻게든 잘 살 것 같다고 믿는다. 그런데 이 아이들이 성장해 어른이 되면 대부분은 삶이 힘들고 고달프며, 원하지 않는 인생을 살아간다.

왜일까? 목표와 계획을 세우지 않고 "어떻게든 되겠지" 하며 하루하루를 낭비하기 때문이다. 핸드폰을 보고, 친구들과 수다를 떨고, 게임을 하고, 술 한잔하면서 소중한 시간을 흘려보낸다. 그리고 생각하지 않는다. 여러분이 원하는 목표를 이루고 싶다면, 이제는 소망이 아닌 진짜 '목표'부터 만들어야 한다.

15

생각하지 않는다면 동물과 다를 바 없다

 사람과 동물을 구분 짓는 여러 가지 기준이 있겠지만, 그 중 가장 큰 차이는 '생각을 하느냐, 하지 않느냐'이다. 인간은 생각한다. 동물은 그렇지 않다. 동물은 오직 본능에 따라 행동한다. "우리 강아지는 화장실에 가서 소변을 보고, 밖에 나올 때 발바닥을 매트에 닦고 나오는데요? 그럼 생각하는 거 아니에요?" 아니다. 그건 훈련에 따른 반응일 뿐이다. 그렇게 행동하면 주인이 좋아하고 칭찬해 주기 때문에 '조건반사'처럼 반응하는 것에 가깝다.

 동물은 먹고, 놀고, 자고, 싸고, 그리고 수명이 다하면 죽음을 맞이한다. 사람도 마찬가지다. 먹고, 놀고, 자고, 싸고, 여기까지는 같다. 하지만 단 하나, 인간만이 '생각한다'는 점에서 다르다.

인간과 가장 닮은 침팬지의 경우 인간과 유전자(DNA)가 98~99%나 인간과 일치한다. 더 흥미로운 사실은 어릴 적에는 인간보다 침팬지가 더 똑똑하다는 보고도 있다는 것. 그런데 인간은 어떻게 불을 만들고, 자동차를 만들고, 핸드폰을 만들고, 우주선까지 만들게 되었을까? 그 이유는 단 하나. 인간은 '생각'하기 때문이다.

그런데 궁금하지 않은가? 왜 인간만이 '생각'이라는 걸 할 수 있는 걸까? 그 이유는 곧 알려 주겠다. 만약 침팬지가 생각만 할 수 있었다면, 인간처럼 무언가를 만들고 발전해 왔을 것이다. 하지만 100만 년이 지나도 원숭이는 여전히 원숭이다. 100만 년 전의 원숭이나, 지금의 원숭이나 거의 다를 게 없다. 발전은 0%. 이제 인류의 조상으로 알려진 '원숭이'가 등장했으니, 잠시 진화론에 대해 이야기해 보자.

많은 사람들이 진화론을 '사실'처럼 믿고 살아간다. 하지만 가만히 보면, '진화니 창조니' 그 어떤 것도 진지하게 생각하지 않고, 그냥 "어떻게 태어났든 말든" "조상이 누구든 상관없다"는 식으로 살아가는 사람들이 더 많다는 생각이 든다.

진화론은 이렇게 설명한다. 점 하나가 있었고, 그 점이 혼자 '펑' 하고 폭발하면서 우주가 생겨났고, 그 우주에 떠돌던 행성들이 충돌해 지구가 생겼다. 아무것도 없던 지구의 바닷속에서 처음 생명체가 발생했고, 미생물들이 서로 만나면서 물고기가 되었고, 그 물고기가 지상으로 올라오기 위해 다리가 필요해졌고, 그래서 도마뱀이 되고, 그 도마뱀이 사자가 되고, 기린이 되고, 독수리가 되고, 원숭이가 되고, 그리고 지금의 사람이 되었다는 것이다.

그렇다면 인류 최초의 조상은 미생물인가? 아니면 물고기인가? 그렇다면 인류의 조상인 물고기는 왜 우리가 잡아먹고 있는가? 원숭이가 조상이라면, 왜 지금 동물원에 있는 원숭이들은 아직도 진화하지 않고 그대로인가?

이런 진화론을 설명할 때, 과학자들과 사람들은 항상 이런 표현을 쓴다. "이론이다." "가설이다." "추정된다." "주장한다." "가능성이 있다." "그랬을 것이다." "아마도." 그렇다면 이게 앞에서 언급한 '똥탑' 이야기와 뭐가 다른가? 어쩌면 우주를 만든 신이 이 설명을 듣는다면, 정말 웃지 못할 코미디처럼 느낄지도 모른다.

게다가 시작은 우주의 폭발, 빅뱅(Big Bang)이라고 말하면서, 그 '점' 자체는 어떻게 생겼는지에 대해서는 설명하지 못

한다. "그냥… 원래… 있었다?" "갑자기… 생겼다?"

그리고 지구에 아무런 생명체도 없었을 때 미생물들이 화학 작용을 일으켜 합쳐졌다고 말한다. 그럼 이 미생물은 처음에 어떻게 생겨났는가? 이 작은 미생물조차도 하나의 완전한 생명체이다. 지금은 2025년, 우주를 오가며 살아가는 최첨단 시대에 살고 있지만, 그 어떤 과학자도 풀 한 포기조차 '창조'해 내지 못한다. 이것이 현실이다. 그렇기에 이 모든 설명은 거짓이거나 인간의 무지에서 만들어진 맹신일 수 있다.

이제 본론으로 돌아가 보자. 인간은 100만 년 전과 비교할 것도 없다. 불과 100년 전만 해도 스마트폰은 없었다. 개인용 컴퓨터도 없었다. 하지만 지금은? 하루가 다르게 믿을 수 없을 정도로 빠르게 발전하고 있다. 성경에는 이런 구절이 있다.

> 구하라, 그리하면 너희에게 주실 것이요.
> 찾으라, 그러면 찾을 것이요.
> 두드리라, 그러면 너희에게 열릴 것이니라.
>
> - 마태복음 7장 7절

구하라(생각하라), 찾고 두드리라(행동하라), 그리하면 열릴 것이다(결과를 얻게 될 것이다). 이처럼 생각하고 행동하는 삶에 결과가 따른다. "행동이 동반되지 않는 아무리 좋은 생각은 쓰레기에 불과하다."

예를 들어 보자. 집에서 양말을 빨리 찾는 방법? 이곳저곳 다 뒤진다. 시간을 들이면 결국 찾게 된다. 하지만 더 빠른 방법은? 엄마에게 물어보는 것이다. 그럼 바로 찾을 수 있다. 성공도 똑같다. 양말처럼 여기저기 살펴보고 시간을 들이면 결국은 찾을 수 있다. 그런데 대부분은 1분만 찾다가 포기해 버린다. 그러니 결국은 성공이란 걸 발견할 수 없는 것이다.

그럼 엄마에게 묻듯, 성공을 잘 아는 사람에게 묻는다면 어떨까? 그러니까 책이 바로 그런 역할을 한다. 성공한 사람들이 어떻게 성공했는지 그 답을 책 속에 남겨 두었다. 하지만 사람들은 게으르고 인내가 부족해 알아보려 하지 않는다. 세상에서 가장 강한 무기는 꾸준함이다. 그렇다면 언제부터 시작해야 할까? 지금 바로 시작하자.

변화를 지속하는 힘
'구하라, 찾으라, 행동하라'

성공적인 하루는 전날 밤부터 시작된다. 좋은 컨디션을 유지해야 긍정적인 생각과 행동이 나올 수 있다. 술과 미디이 같은 악마의 선물은 우리의 소중한 시간을 빼앗고 발전을 저해한다. 부정적인 생각과 말은 결국 부정적인 현실을 끌어당기니, 좋은 것을 보고 듣고 느껴 긍정적인 에너지를 채워야 한다. 행동으로 이어지지 않는 좋은 생각은 쓰레기와 다름없으며, 사소한 일이라도 즉시 행동하는 습관이 중요하다.

대부분의 사람들은 진정한 '목표' 없이 막연한 '소망'만 품고 살아간다. 집으로 돌아가는 것이 소망이 아니라 명확한 목표이듯, 무슨 일이 있어도 반드시 해내겠다는 확고한 의지가 필요하다. 우리는 '생각하는 동물'이다. 인간과 동물의 가장 큰 차이는 바로 그 '생각'하는 능력에 있으며, 생각하고 행동할 때 비로소 결과를 얻을 수 있다.

16

라면집에서 깨달음

2000년도쯤인 것 같다. 나의 첫 해외여행지는 일본이었다. 비행기에서 내리는 순간 정말 꿈만 같았다. 태어나 처음으로 한국을 떠나 외국 땅 위에 서다니. 읽을 수 없는 일본어 간판들, 한국과 다른 거리 풍경, 낯선 사람들의 모습이 정말 신기하고 흥분되었던 것 같다.

그 당시 친하게 지내던 친구 한 명과 함께 도쿄에서 오사카까지, 열흘 동안 정말 열심히 걸어 다니며 새로운 사람들, 새로운 문화와 다양하게 마주했다. 길을 물어보며 우연히 알게 된 나이 또래의 일본 친구들과 친해져 이메일을 주고받게 되었고, "한국에 올 일 있으면 꼭 연락해!"라고 말했는데, 정말로 1년쯤 뒤 그 친구들이 서울로 여행을 오게 되었고 우리는 서울에서 다시 재회하게 되었다.

서로의 친구들을 소개해 주며 더 많은 친구들을 알게 되었다. 그때 처음 느꼈다. '내가 조금만 더 적극적이면 사는 게 이렇게나 재미있을 수 있구나.' 그 일본 여행에서 만난 친구들은 지금까지도 연락을 이어 오고 있는, 나의 첫 외국 친구들이다. 당시 나는 일본어 포켓사전을 손에 들고, 손짓 발짓, 어설픈 일본어로 대화하다가 결국 친구까지 사귀고, 그 친구들이 한국까지 오게 했다.

돌이켜보면 그때 나는 사람과의 만남을 어려워하지 않았다. "무식하면 용감하다"는 말처럼, 마술과 여러 아르바이트를 하며 사람 상대를 많이 해 본 경험, 그리고 해병대를 갓 제대했을 때의 용기와 자신감이 온몸에 가득 차 있었던 시기였다.

지금도 가끔 혼자 여행을 가게 되면, 조용히 밥만 먹고, 조용히 돌아오는 일은 없다. 남녀노소, 외국인을 가리지 않고 누군가에게 말을 걸고, 사람들과 어울리고, 즐거운 시간을 나누며, 그곳에서 새로운 친구를 만든다. 세상은 부딪쳐 보면 별거 아니라는 걸 몸으로 겪어 알게 되었기에 이런 용기를 낼 수 있는 것 같다.

다시 본론으로 돌아가겠다. 그렇게 도쿄를 한참 구경하고 다니던 중 배가 고파서 일본식 라면집에 들어가서 메뉴를 보았다. 당연히 글을 읽을 수 없었기에 우리는 그림으로 가장 맛있어 보이는 메뉴를 고르고 한참을 기다렸다. 한 30분쯤 기다렸을까. 아무리 기다려도 점원이 오지 않았다. 우리보다 늦게 온 손님들이 라면을 다 먹고 자리에서 일어나는 것을 보고서야 우리는 무엇인가 잘못되었다는 것을 알아차렸다.

지금이야 주문을 기계에 먼저하고 내 순번이 되면 음식이 나온다는 것을 알지만, 이 당시만 해도 기계로 주문하는 것을 전혀 몰랐다. 이상하다는 걸 느끼지 못했다면 영업이 끝날 때까지 점원이 오기만을 기다리며 아무것도 못 먹고 나와야 했을지도 모른다. 여기서 나는 깨달았다. 이전의 틀린 방식만을 고수하면 내가 원하는 것을 얻지 못한다는 것을. 조금이라도 빨리 '이상하다'는 신호를 인지하고, 지금까지의 방식이 틀렸을 수도 있다는 걸 인정해야 한다.

무엇이 잘못되었는지, 왜 원하는 결과가 나오지 않는지를 빨리 알아차리는 것이 중요하다. 이 글을 여기까지 읽어 온 당신은 이미 어렴풋이 알아차렸을 것이다. 자신이 왜 지금까지 성공하지 못했는지를. 그렇다면 이제 남은 건 하나다. 생각과 행동을 바꾸는 것. 그 순간부터 변화는 시작된다.

말은 통하지 않았지만 사람들이 자판기 앞에서 원하는 메뉴를 누르고, 돈을 지불하고, 순번표를 뽑은 뒤, 자신의 차례가 되면 음식을 받는 모습을 지켜보았다. 우리는 그걸 그대로 따라 했고, 결국 처음으로 맛있는 일본 라면을 먹을 수 있었다. 그때 느꼈다. 세상의 원리는 참 단순하다는 것을.

성공한 사람들을 찾아보라. 그들이 어떻게 성공했는지 간접적으로 체험하고 그대로 따라 하면 된다. 너무 간단하지 않은가? 심지어 어린아이에게서도 배울 점이 있다. 우리가 변화하고 싶은 마음만 있다면. 보통 부모님이 자식들에게 똑같은 잔소리를 수없이 반복한다. 지금 이 책도 마찬가지다. 비슷한 말을 계속 반복하고 있다. 그 이유는?

- 아이들이 계속 안 하기 때문에
- 사람들이 안 하기 때문에 (성공의 핵심이고 너무 중요하기 때문에 책을 쓰는 나도 같은 심정이다)

17

내가 실패할 수밖에 없는 이유

술, 인간관계, 게임, TV, 잠, 핸드폰 중독, 그리고 아무것도 하지 않는 게으름으로 우리는 소중한 시간을 허비하고 있다. 이 책을 읽고 있는 당신도 이 중 최소 하나 이상은 하고 있을 것이라 생각한다. 우리는 보통 거지나 노숙자와 친하게 지내고 싶어 하지는 않는다. 얻을 것이 없다고 생각하기 때문이다. 반면, 돈과 명예, 권력을 가진 사람들과는 억지로라도 시간을 내어 인간관계를 유지하려 애쓴다. 그리고 그 인간관계의 중심에는 대부분 '술자리'가 있다.

당신의 지인이 365명이라고 가정해 보자. 오랜만에 1번 지인을 만나 술자리를 가지며 안부를 나눈다. 다음 날, 2번 후배가 힘들다고 연락이 와서 또 만난다. 너무 피곤해 하루는 쉬고 싶지만, 결혼을 앞둔 친구가 "꼭 얼굴 한번 보자"며 불러낸다. 안 나갈 수가 없다. 그렇게 4번, 5번 … 100번, 364번까지 만나고 나면, 1년 뒤 다시 1번 지인에게서 연락이 온다. "1년 만이네. 얼굴 좀 보자."

현실에서 이런 삶을 실제로 살고 있는 사람이 있다. 사람을 좋아하고 인간관계가 중요하다고 말하지만, 1년 내내 술독에 빠져 사는 것이다. 보는 내가 다 답답하고 안타깝다. 술값만 모았어도 작은 집 하나는 샀을지 모른다.

이런 식의 인간관계를 유지하는 건 얻는 것보다 잃는 게 훨씬 많다. 언제 내 자신의 미래를 위해 책을 읽고, 생각하고, 행동할 시간이 생기겠는가?

가장 중요한 건 내 건강과 내일을 위한 좋은 컨디션이다. 그러나 이런 방식은 그 모든 걸 망치는 악순환일 뿐이다. 게다가 그렇게 공을 들여 맺은 인간관계의 사람들, 정작 내가 어려움에 처하면 별 도움이 되지 않는 경우가 많다.

남의 덕을 보려 하지 말고 내 자신을 발전시키는 데 시간과 노력을 투자하라. 그리고 도움을 받을 생각보다 남에게 도움이 되는 사람이 되는 것이 더 현명하다.

18

도와주는 삶, 가치 있는 삶

여러분은 도와주는 삶을 살고 싶은가? 도움받는 삶을 살고 싶은가? 당연히 남을 도와주는 삶을 살고 싶을 것이다. 내게 무엇인가 있어야지 남도 도와줄 수 있을 테고 그래서 돈이 필요할 테고 성공을 바랄 것이다.

그럼 만약 성공하지 못한다면 한평생 남을 도와주지는 못하고 도움만 받고 살다 죽어야 하는 것인가? 그렇지 않다. 가진 것이 하나도 없고 특별한 능력이 없어도 우리는 이 세상에 꼭 필요한 사람이 될 수 있다.

경찰관, 교사, 의사, 소방관, 맹인견의 공통점이 무엇인가?

남을 도와준다는 것이다. 이렇게 도움을 주는 사람들과 동물들에게 사람들은 "훌륭하다. 존경스럽다"라고 말한다. 말 못하는 강아지도 앞 못 보는 사람을 도와준다. 당신은 살면서 "훌륭하다. 존경스럽다"라는 말을 한 번이라도 들어 본 적이 있는가? "멋지다. 잘한다. 최고다"라는 말은 들을 수 있지만 훌륭하다, 존경한다는 표현은 대부분 죽는 날까지 듣기 어렵다. 이 세상을 살아가면서 꼭 들어 보길 바란다.

'도와주다'의 반대말은 무엇일까? '방해', '훼방'일 것이다. 우리는 보통 남을 위한 행동은 '도움'이 되고, 나만을 위한 행동은 '훼방'이 된다고 여긴다. 하지만 '도움'은 꼭 목숨을 걸고 누군가를 구해야만 가능한 일이 아니다. 아주 사소한 것부터 시작할 수 있다.

예를 들어, 건물 계단을 오르다 보면 바닥에 과자봉지 하나가 떨어져 있는 경우가 있다. 대부분의 사람들은 그냥 지나친다. 하지만 어떤 사람은 혹시 누가 밟고 미끄러질지도 모른다는 생각에 봉지를 계단 한쪽으로 밀어 두고 지나간다. 정말로 어떤 사람이 그 과자봉지를 밟아 미끄러져 크게 다치거나 심하면 생명을 잃게 되는 사고가 생긴다고 가정해 보자. 현실에서 충분히 가능한 일이다. 그렇다면 '나'라는 한 사람의 작은 행동이 어떤 이의 목숨을 살린 셈이 되는 것이다.

반대로 그 쓰레기를 아무 생각 없이 버린 사람은 어떨까? 그 사람은 아마도 "내가 귀찮아서 버린 작은 쓰레기 하나가 누군가의 생명을 앗아갈 수도 있다"는 생각은 못 했을 것이다. 그리고 솔직히 말하자면, 이런 사소한 행동 하나를 한다고 해서 사람들이 알아보고 칭찬해 주지는 않는다. 내가 그 의도를 말하지 않는 이상 대부분은 알아채지도 못한다.

하지만 중요한 건, 내가 스스로에게 말해 줄 수 있다는 것이다. "잘했다", "멋지다", "훌륭하다" 그렇게 스스로에게 말할 수 있다면 그건 이미 훌륭한 일이다. 굳이 남의 입에서 칭찬이 나와야만 훌륭한 것은 아니다.

결과적으로 보면 소방관이 불속에 들어가 사람을 구한 것과 내가 바닥의 과자봉지 하나를 치워 누군가의 사고를 예방한 것. 모두 누군가를 위한, '생각이 있는 사람'만이 할 수 있는 행동이다. 남을 돕지는 못하더라도 적어도 피해를 주거나 훼방을 놓아서는 안 될 것이다.

그리고 여기서, 사람은 세 가지 부류로 나뉜다.

- 꼭 필요한 사람
- 있어도 되고 없어도 되는 사람
- 이 세상에 있어서는 안 될 사람

'꼭 필요한 사람'은, 예를 들면 소방관이나 경찰관처럼 타인을 위해 실제로 도움을 주는 사람이다. 반대로, '이 세상에 있어서는 안 될 사람'은 강도, 살인범처럼 타인에게 큰 해를 끼치는 사람들이다.

그럼 대부분의 사람들은? 그 중간쯤일 것이다. 바로 '있어도 되고 없어도 되는 사람'. 자신과 가족만을 위해 살고, 타인을 위해 고민하거나 행동하지 않는 사람들. 하지만 오늘부터는, 여러분이 꼭 필요한 사람이 되길 바란다. 남에게 도움을 줄 수 있는 가치 있는 사람이 되기를.

그리고 지금 이 글을 쓰고 있는 나는 무슨 일을 하고 있는 걸까? 나는 이것을 읽는 독자분들에게 '도움이 되고 있다'고 믿는다. 이 생각을 당신과 나누고 싶다. 그리고 더 많은 사람들이 이런 사소한 행동들을 조금씩 실천하게 된다면, 이 세상은 얼마나 더 가치 있고 따뜻해질까? 오늘부터 당신도 아주 작은 행동 하나부터 바꾸며 훌륭한 사람으로 나아가길 바란다.

19

나만의 매력 만들기

　꽃이 한 송이 있다. 주위에는 잡초가 무성하다 벌이 한 마리 날아온다. 이 '벌'은 어디에 앉을까? 잡초? 꽃? 당연히 꿀이 있는 꽃에 앉는다. 나는 이 책을 읽고 있는 여러분이 꽃을 향해 날아가는 벌이 되기보다는, 꽃이 되어 벌이 모이게 만드는 사람이 되길 바란다.

　많은 사람이 자신이 가지지 못한 것을 가진 사람들에게 달려가 '꿀'을 얻고 싶어 한다. 하지만 이제는 여러분이 자기 발전을 통해 남에게 본보기가 되고, 도움이 되는 존재가 되길 바란다. 그러면 많은 사람이 오히려 여러분에게 다가올 것이다.

여러 가지가 아니어도 좋다. 단 하나, 당신만의 장점을 만들어라. TV를 봐도 노래, 운동, 공부, 요리, 유머, 무언가 하나를 잘하는 사람들이 주목받고 사랑받는다. 그들에게는 꿀(매력)이 있다. 사람들은 그 꿀을 찾아 모여든다. 당신도 당신만의 꿀을 만들어라.

학창 시절의 나는 남보다 잘난 게 하나도 없는 사람이었다. 말 그대로 아주 보통 사람이었다. 그때 달리기를 아주 잘하는 친구가 한 명 있었다. 100m 기록 13초였다. 나의 기록은 14초. 그래서 열심히 달리기 연습을 하여 13초를 뛰었더니 친구는 12초를 기록했다. 그래서 매일 밤 학교 운동장에 나가 죽어라 연습해서 12초를 뛰었다. 그런데 그 친구는 내일 놀면서도 11초를 기록하는 게 아닌가. 이건 내가 학창 시절 때 직접 겪은 일이다.

그때 깨달았다. 같은 걸 따라 해서는 절대 이길 수 없겠구나. 그래서 나는 생각을 바꿨다. "남들이 잘 안 하는 걸 하자." 그래서 남들이 수영 배울 때 난 스쿠버 다이빙을 배웠고, 남들이 제주도 여행 갈 때 난 2~3년간 돈을 모아서 해외여행을 갔고, 남들이 대부분 육군에 입대할 때 난 해병대에 자원입대했으며, 남들은 미술을 배울 때 난 마술을 배웠다.

공부도 못했고, 운동도 못했기에 대화에도 끼기 어려운 존재였다. 스스로 왕따처럼 느껴졌던 시절이었다. 그러던 어느 날 우연히 친구들 앞에서 1년 넘게 배운 마술을 보여 줄 기회가 생겼다. 모두가 신기해하며 환호했다. 그리고 달라졌다. 나에게 관심을 보이는 사람이 생기기 시작했다. "빨리 와서 마술 좀 보여줘. 다들 너만 기다리고 있어."

나에게 남들이 없는 꿀이 하나 생겼기 때문에 벌들이 날아온 것이다. 공부를 잘하는 사람은 공부를 잘하는 사람들과 공감대가 형성되어 즐겁게 대화를 한다. 운동을 잘하는 사람은 운동을 잘하는 사람들과 공감대가 형성되어 즐겁게 대화를 한다. 그런데 둘 다 못하는 사람은 이야기에 참여하기도 애매하고 아는 것이 없기에 대부분 고개만 끄덕이며 듣고만 있을 수밖에 없다.

하지만 공부만 잘하는 사람이 운동 잘하는 사람을 보면? 운동만 잘하는 사람이 주식이나 법률에 해박한 사람을 보면? 서로에게 귀가 솔깃해진다. 사람들은 자신에게 없는 것에 끌리고, 동경하고, 부러워한다. 여러분도 오늘부터 여러분만의 매력 하나를 만들어 보자.

남들이 영어를 배우면 스페인어를 배워 보고, 남들이 피아노를 배우면 색소폰을 배워 보자. 남들이 동남아로 여행을 간다면 오로라를 볼 수 있는 핀란드에 가고, 남들이 주식이나 부동산 경매에 관심을 가질 때 특허나 운동, 디자인 등 일반 사람들이 잘 하지 않는 분야를 한두 가지 배워 보고 도전해 보라. 사람들은 당신에게 매력을 느낄 것이다.

친구 중에 우주에 직접 다녀온 사람이 있다면 관심이 가지 않을까? 유명 연예인과 친분이 있는 친구가 있으면 관심이 가지 않을까? 무조건 반대로 살라는 것이 아니다. 한두 가지쯤은 대부분의 사람들이 해 보지 않고 잘 모르는 분야를 만들어 보라는 것이다. 아니면 남들이 하는 것들을 아주 특별히 잘해도 좋다.

특허에 대해서는 일반인들은 전혀 관심이 없기 때문에 조금 더 자세히 설명해 보겠다. 지금 당신 눈에 보이는 모든 물건들은 전부 누군가 특허를 낸 것이고 그것으로 많은 돈을 벌었을 것이다. 사물을 보며 생각해 보자. "이런 게 있으면 더 편할 텐데." "이건 왜 이렇게 불편하지?" 그 순간이 바로 발명이고, 시작이다.

인터넷에서 특허 정보 검색 서비스에 들어가 내 아이디어가 이미 있는지 살펴보자. 아이디어 하나로 당신도 세상에 단 하나뿐인 것을 만들 수 있다. 그런데 아직 내가 생각한 아이디어 물건이 세상에 없다면 특허 사무실을 직접 찾아가 변리사를 만나서 상담해 보면 가능성 여부를 알려 줄 것이다.

가능성이 있다고 말하면 특허를 출원하면 나만의 특허가 생기는 것이고 이 물건을 다른 사람이 만들어 팔고 싶다면 나의 특허를, 돈을 주고 사는 것이다. 물건을 파는 것이 아닌 내 아이디어 생각을 파는 것이다. 작가인 나도 특허를 두 개 가지고 있다.

아직 팔리지는 않았지만 언젠가는 내 특허를 찾을 사람이 나타날 것을 희망하며 지금도 꾸준히 특허를 생각한다. 복권에 당첨될 확률보다 수천, 수만 배 더 높다. 그렇다면 특허를 만들려면 무엇을 해야 하는가. 바로 '생각'이다. 생각하는 데는 돈이 들어가지 않는다. 사물을 보면서 생각을 계속하면 되는 것이다. 그리고 아이디어가 떠오르면 행동하는 것이다. 제대로 만들어진 특허 하나면 평생 쓰지 못할 부를 얻을 수도 있다.

생각하라. 또 생각하라. 계속해서 생각하라.

이 책 또한 하나의 '특허'다. 나의 생각을 세상에 꺼내 놓은 결과물이니까.

20

기본과 기대의 중요성

한국 사람이라면 모국어인 한국어를 잘할 것이다. 하지만 성격이 내성적이라면 아무리 한국어를 잘해도 남들 앞에서 유창하게 말하지 못하는 경우가 있다. 이런 사람이 영어를 유창하게 하고 싶어 영어 학원을 다니고, 영어영문학과에 진학하고, 외국 유학까지 다녀온다. 하지만 그렇다고 해서, 남들 앞에서 영어를 한국어보다 더 유창하게 말하게 되는 것은 아니다.

그럼, 어떻게 해야 할까? 먼저 내성적인 성격부터 바꾸어야 한다. 그리고 모국어인 한국어로 남 앞에서 자신 있게 말할 수 있어야, 외국어도 자연스럽게 표현할 수 있게 된다. 같은 한국 사람 앞에서도 말을 잘 못하면서 외국어로 외국인 앞에서 유창하게 말하기란 현실적으로 매우 어려운 일이다.

예를 하나 들어 보자. 한 회사에 전국에서 가장 많은 냉장고와 TV 같은 가전제품을 판매한 탁월한 영업사원이 있다. 그는 회사를 옮겨 자동차를 팔아도, 집을 팔아도 잘 팔았다. 무엇을 팔든 항상 성과를 냈다. 그런데 반대로, 숟가락 하나도 팔지 못하는 영업사원이 가전제품이나 자동차를 잘 팔 수 있을까? 아마도 아닐 것이다. 어려운 걸 하기 위해서는 쉬운 것부터 할 수 있어야 한다.

여러분이 원하는 것은 대부분 금전적 자유와 정신적인 행복일 것이다. 하지만 돈을 벌고 싶으면서도 돈을 벌기 위한 가장 기본적인 노력조차 귀찮거나 힘들다는 이유로 미루고, 행복해지고 싶으면서도 하루가 고단하고 일이 뜻대로 풀리지 않는다고 화를 내고 짜증을 내며 산다면, 무엇이 먼저 바뀌어야 할까? 바로 자신의 감정부터 통제해야 한다.

"화가 나는데 어떻게 웃어요?" 사람들은 이렇게 말한다. 그럼 한번 생각해 보자. 도대체 누가 나를 화나게 한 걸까? 정말 남이 나에게 화를 '준' 걸까? 아니면 내가 스스로 화를 낸 걸까? 대부분의 사람은 "남이 나를 화나게 한다"고 생각한다.

하지만 그렇지 않다. 감정은 남이 내게 '주는 것'이 아니라 내 안에서 '나오는 것'이다. 그리고 그건 내가 선택할 수 있는 영역이다. 그래서 우리는 "화가 난다"고 말하지, "화가 온다"고 말하지는 않는다. 이 표현 하나만으로도 감정의 주체가 누구인지 알 수 있다.

내가 아는 선배 중에 성격이 괴팍하고 다혈질인 분이 계신다. 세상 모든 것에 불만이 많은 사람이다. 작은 말다툼도 쉽게 시비로 번지고, 그래서 경찰서를 마치 자기 집 드나들듯 자주 가신다.

어느 날 이 선배와 늦은 새벽에 손님이 거의 없는 조용한 술집에서 마주 앉아 있었다. 그런데 우리 바로 뒤쪽 테이블에 술에 취한 젊은 손님들이 앉아 있었고, 갑자기 우리에게 시비를 거는 듯한 말을 하더니 물수건을 집어 들어 우리가 먹고 있는 밥상 위로 던졌다.

나는 속으로 생각했다. '아… 또 사고 나겠네.' 당연히 싸움이 벌어질 줄 알았다. 하지만 결과는 전혀 달랐다. 선배는 날아온 물수건을 아무렇지 않게 옆으로 치우더니, 뒤도 돌아보지 않고 나와 나누고 있던 이야기를 그대로 이어 갔다. 그때 우리가 이야기하고 있던 주제는 다름 아닌 '특허' 이야기였다.

내 말을 듣고 특허가 돈이 될 수 있다는 사실을 알게 된 선배는 몇 개월 전부터 가지고 있던 좋은 아이디어를 단지 생각에만 그치지 않고, 실제로 특허청에 출원하여 특허를 받았다. 그뿐 아니라 직접 제품을 만들어 판매하기 위해 사업을 추진했고, 최근에 공장에서 첫 샘플이 도착했다. 그날 선배는 나에게 샘플을 보여 주며 제품의 가치에 대해 조언을 구하고 있었다.

"이 제품, 어때 보여? 상품성 있을까? 내일 당장 전 세계에 팔아도 될 것 같아! 몇백억도 벌 수 있지 않겠어?" 그는 기대감에 가득 차 있었고, 완전히 몰입한 상태였다. 그 상황에서 물수건이 눈에 들어올 리 없었다.

한 가지 묻고 싶다. 당신이 복권 1등에 당첨되어 당첨금을 수령하러 은행에 가는 길이라면 누군가 실수로 당신의 발을 밟았다고 해서 멱살을 잡고 싸우겠는가? 아마 그냥 웃고 넘길 것이다. 왜일까? 기대감과 미래에 대한 확신, 그것이 만들어 내는 행복감이 크기 때문이다. 반대로 당신의 고급 승용차에 누군가 흠집을 내고 도망갔다. 그럼 어떤 감정이 드는가? 당연히 화가 날 것이다. 불쾌하고 짜증이 밀려올 것이다.

상상해 보자. 당신이 부모님을 모시고 차를 타고 가다가 아주 큰 교통사고를 당했다. 다행히도 부모님과 내 목숨은 간신히 건졌다. 몸에는 전혀 다친 곳이 없지만, 차는 완전히 부서져 버렸다. 사람들이 몰려와 웅성거린다. "살아 있는 게 기적이다. 하늘이 도왔다." 이럴 때 화가 날까? 아니면 감사한 마음이 들까? 같은 상황에서도, 아니 더 힘든 상황에서도 감정은 바뀔 수 있다.

이 이야기는 바로 내가 실제로 겪은 일이다. 그때 내 나이 21살 무렵, 친구가 운전 연습을 시켜 달라고 졸랐다. 나는 당시에 가구점에서 배달 일을 하고 있었고, 내 차는 없어서 회사 소형 트럭(1톤)을 몰고 나왔다. 차량이 거의 없는 산길을 선택해 운전 연습을 시켜 주기 시작했다. 날씨는 화창했고 도로도 한산해서 서로 웃으며 드라이브를 즐기고 있었다. 그런데 갑자기 친구의 운전 미숙으로 차가 낭떠러지 방향으로 쏠려 그대로 아래로 떨어섰다. 차는 네댓 바퀴를 구르며 떨어졌다. 그 순간 주마등이 스쳐 지나갔다.

죽기 직전, 뇌에서는 강한 전기신호가 치솟으며 어릴 적부터 지금까지의 모든 기억이 슬로우 모션처럼 스쳐 지나간다. 직접 주마등을 경험해 본 사람들은 알 것이다. 정말 말로는 설명할 수 없을 정도로 신기하고도 강렬한 순간이다. 대부분은 경험해보지 못했을 테니 드라마나 영화를 떠올려 보자. 사고가 나기까지 고작 3초 남짓. 그런데 그 짧은 순간, 주인공은 수십 장의 기억 속 장면을 느리게, 선명하게, 그리고 감정까지 느끼며 본다.

나도 그랬다. 주마등이 지나간 후 정신을 차려 보니, 차는 내가 앉아 있던 보조석이 하늘을 향해 뒤집힌 상태였고, 친구는 바닥에 앉아 정신이 나간 듯한 표정으로 나를 올려다보고 있었다. 나는 위로 열리는 문을 밀어 올리고 밖으로 나왔고, 친구에게 손을 내밀어 그를 부축해 함께 빠져나왔다. 서로의 몸을 살펴봤다. 놀랍게도, 두 사람 모두 단지 밴드 하나 붙이면 될 정도의 작은 찰과상 몇 군데뿐이었다.

부서진 차를 보면서 사장님의 화난 얼굴이 떠오르기도 했다. 하지만 서로 다친 곳 없이 살아 있다는 사실만으로도 감사하고 기뻤다. 함께 사고를 겪었던 그 친구와는 지금까지도 사이좋게 지내고 있다. 그날 나는 직접 느꼈다. 죽음 앞에서는 모든 근심, 걱정, 짜증, 욕심이 아무 의미도 없어진다는 것을. 돈, 권세, 명예, 그 모든 것도 그 순간엔 아무짝에도 쓸모없는 것들이었다.

물론 그렇다고 해서 물질적인 풍요 자체를 부정하는 것은 아니다. 하지만 삶의 기대와 위안을 오직 물질에서만 찾을 수는 없다. 종교를 가진 이들은 물질이 아닌 신에게 의지한다. 지금은 가난하고 힘들더라도, '나는 천국 (또는 극락)에 갈 것'이라는 믿음 속에서 희망을 품고 살아간다.

그래서 나는 믿는다. 지금의 힘든 삶은 잠시 잠깐의 고통일 뿐이고, 충분히 참고 견딜 수 있다고. 현재가 고되더라도 불행하다고는 생각하지 않는다. 여러분도 마찬가지다. 물질적이든 정신적이든 여러분에게 '확신에 찬 기대'가 있다면 하루하루는 더욱 의미 있고 작은 일에 쉽게 화를 내지도 않게 될 것이다. 감정도 자연스럽게 조절 가능해진다.

무엇을 잘하고 성과를 내기 위해 가장 중요한 것은 '기본'과 '확신에 찬 기대감'이다. 그리고 이 시점에서, 소크라테스의 말이 문득 떠오른다.

"너 자신을 알라."

어릴 적부터 수도 없이 들어온 말이지만 이제서야 그 말의 중요성을 깨달은 것 같다.

꽃이 되어 피어나는 삶 '나만의 매력 만들기'

과거의 틀린 방식만을 고수하면 원하는 것을 얻을 수 없다. 변화를 위해서는 기존의 방식이 틀렸을 수 있음을 빠르게 인지하고 새로운 방법을 모색해야 한다.

술과 게임, 의미 없는 인간관계에 시간을 허비하는 것은 실패의 지름길이다. 남의 덕을 보기보다 스스로 발전하는 데 집중하고, 타인에게 도움이 되는 가치 있는 삶을 지향해야 한다. 꽃이 되어 벌을 모으듯, 자신만의 특별한 매력을 만들어 사람들이 자연스럽게 다가오도록 해야 한다. 남들이 하지 않는 분야에 도전하거나 기존의 것을 특별히 잘 해내는 것이 자신민의 독창적인 매력을 만드는 길이다. 무엇이든 잘하기 위해서는 '기본'이 중요하며, '확신에 찬 기대감'은 부정적인 감정을 이겨내게 한다. 변화하는 환경에 적응할 줄 알고, 자신을 열심히 가꾸어 매력적인 꽃으로 피어난다면 당신도 세상에 필요한 존재가 될 수 있다.

21

공황장애 우울증 치료?

여러분은 자신의 생각을 스스로 통제할 수 있는가? 요즘 많은 이들이 공황장애, 우울증, 조울증 등 정신질환에 시달리고 있다. 이는 몸의 병이 아니라 정신과 마음의 병이다. 즉, 자기 생각을 조절하지 못해 생기는 병인 것이다.

칼 한 자루가 있다. 누군가는 그 칼로 많은 사람에게 맛있는 음식을 만들어 주고, 누군가는 사람을 해치는 데 사용한다. 만약 누군가가 살인을 저지르고 이렇게 말했다고 하자. "그때는 제가 정신이 나갔었나 봐요. 나도 모르게 확 화가 나서 그랬습니다." 여기서 주목할 부분은 바로 '나도 모르게'라는 말이다. 내 몸인데 어떻게 내가 모르게 그런 일이 벌어질 수 있을까? 그 말은 곧 '외적인 작용'이나 '내가 스스로 통제하지 못한 생각'이 내 안에서 작동했다는 뜻이다.

음주운전을 하다 사고를 내고, 상대방이 사망했다면 그 책임은 누구에게 있을까? 자동차인가? 운전자인가? 당연히 운전자다. 사고가 나도 자동차를 감옥에 보내지는 않는다. 왜일까? 그 자동차를 움직이게 한 '정신'이 육체 속에 있기 때문에, 우리는 '몸'을 감옥에 보내는 것이다.

길거리에서 시비 끝에 상대를 크게 다치게 한 일이 벌어졌다고 하자. 내 '주먹'이 문제였을까? 아니면 '정신'이 문제였을까? 이 역시 마찬가지다. 몸의 주인은 '정신'이다. 여러분이 뚱뚱하다고 해 보자. 그렇다면 냉장고를 열어 음식을 꺼낸 '손'이 문제일까? 아니다. 그걸 먹고 싶다고 '생각한 정신'이 문제다.

무엇을 하든, 여러분의 몸은 단지 수행자일 뿐이다. 정신이 명령한 대로 움직인 결과일 뿐이다. 만약, 매일 도박과 술에 빠져 삶이 너무 힘들어 자살을 생각하는 친구가 있다면 여러분은 뭐라고 말하겠는가? "야, 정신 좀 차려"라고 말할 것이다. "야, 몸 좀 차려"라고는 하지 않는다.

정신. 그것이 바로 여러분의 몸 안에 있는 '신'이다. 누구나 가지고 있는 그것. 하지만 많은 사람들이 이 안에 있는 '신

(神)'의 존재를 부정하며 살아간다. 그리고 이 정신에 문제가 생긴 사람을 우리는 '정신병자'라 부른다.

우리는 모른 채 살아가지만, 인간은 때때로 악령이나 악신의 조종을 받기도 한다. 나도 모르게 떠오르는 부정적이고 나쁜 생각들. 사람들은 이것을 자기 스스로의 생각이라 착각하지만, 사실은 그렇지 않다. 이미 내 생각 속에 '나쁜 영(악신)'이 들어와 분노나 나쁜 감정을 만들어낸 것일 수도 있다. 이런 상태에 빠진 사람들에게는 공통된 감정들이 있다. 염려, 두려움, 걱정, 불안, 슬픔, 미움, 증오, 짜증, 의심, 억울함….

이 모든 감정은 사랑과 평안, 진리로 대표되는 '하나님의 성품'과는 정반대되는 것들이다. 우리가 흔히 귀신, 악령이라 부르는 존재들. 이들은 육체가 없는 영이기에, 인간의 '생각' 속에 자유롭게 출입할 수 있다. 그리고 이들이 가장 싫어하는 것은 진리의 말씀, 즉 하나님의 말씀이다. 마치 도둑이 경찰이나 형사를 가장 싫어하듯이 말이다.

'야귀발동'이라는 말이 있다. 사전적 뜻은 "마귀들이 인간의 심령을 사로잡아 발악을 하는 현상" 또는 "악한 귀신이 밤에 활동하며 하나님의 역사를 방해하는 것"이다. 많은 사람이 귀신은 단순히 어두운 밤에 돌아다닌다고 알고 있다. 하지만 진짜 의미는 다르다. '어둠'이란, 단지 밤이 아니라 진리와 지식, 깨달음이 전혀 없는 '무지(無知)'의 상태를 뜻한다.

우리는 어떤 사람에게 "넌 앞날이 훤하다"고 말한다. 이는 지혜와 통찰이 있는 사람에게 주는 말이다. 반대로 "넌 앞이 캄캄하다"는 말은 아무것도 모르는, 어둠에 빠진 사람에게 쓰인다. 신도, 영혼도 모르고 오직 육체만 알고, 돈만을 위해 살아가는 캄캄한 마음. 귀신은 바로 그런 어둡고 혼란스러운 정신 속을 자유롭게 드나들 수 있다.

"귀신은 진언에 붙는다"는 옛말이 있다. 여기서 '진언'이란 신의 진리의 말씀, 곧 하나님의 말씀이다. 귀신이나 악령이 가장 두려워하고 싫어하는 것이 바로 진리다. 성경을 제대로 깨달으면, 그 어떤 악한 존재도 감히 건드리지 못한다.

예전 시대에는 노비나 머슴이 있었다. 그런데 양반들이 이들에게 절대 허락하지 않은 것이 한 가지 있었다. 바로 '글공부'였다. 왜일까? 머슴들이 공부를 시작하면 점차 생각이 자라고, 세상을 깨닫게 된다. 그리고 결국에는 이런 생각에 이르게 될 것이다. "왜 내가, 피 한 방울도 섞이지 않은 양반을 위해 평생 공짜로 일하고, 내 자식까지도 머슴으로 살아야 하지?" 머슴이 '생각'을 하기 시작하면, 양반은 더 이상 그들을 부려먹을 수 없기 때문이다. 멍청해야 평생 부려먹기 쉽다. 똑똑해지는 순간 자유로워지기 때문이다.

일제강점기 시절도 마찬가지였다. 당시 우리나라는 나라를 빼앗긴 식민지였다. 하지만 지금은 어떠한가? 해방 이후 자주독립을 이루고, 세계가 주목하는 발전된 국가가 되었다. 이 모든 것은 누구 덕분이었을까? 바로 '생각하고 행동한 소수의 독립운동가들' 덕분이다. 그 당시 많은 사람은 이런 말을 했을 것이다. "나라가 이미 빼앗겼는데 우리 몇 명이 뭘 한들 바뀌겠어. 그냥 조용히 목숨이나 부지하며 살자." 하지만 '깨달음'과 '확신'을 가진 소수는 그럼에도 생각했고, 행동했고, 싸웠다. 결국 그들이 나라를 되찾았고, 지금의 우리도 있게 된 것이다.

악령, 마귀가 가장 싫어하는 것이 바로 이것이다. 인간이 깨닫는 것, 생각하는 것. 양반이 머슴이 똑똑해지는 걸 두려워했던 것처럼, 악령도 인간이 성령과 악령의 존재를 알아차리는 순간 더 이상 인간의 생각을 장악할 수 없게 된다. 그래서 어떻게든 이 사실을 믿지 못하게 하려는 수많은 장치와 유혹이 세상 곳곳에 퍼져 있는 것이다.

하지만 이제는 여러분이 그 본질을 알아차려야 한다. 돈, 명예, 건강 이전에 보이지 않는 존재들에 대한 인식이 먼저다. 그것을 깨닫고, 믿고, 의식하는 순간 공황장애도, 자살도, 다시는 여러분을 무너뜨릴 수 없게 될 것이다. 이제는 상식에 머무는 것이 아니라, 그 너머를 꿰뚫는 깨어 있는 사람이 되어야 한다.

22

상식을 뛰어넘은 사람만이 얻을 것이다

아무리 많은 재산을 가진 조 단위의 부자라 해도 결국은 죽는다. 지금 당신이 아무리 유명하고, 많은 것을 소유하고 있어도 길어야 몇십 년을 더 살 뿐이다. 부자든 가난한 사람이든 결국 죽음 앞에서는 모두가 평등하다.

그런데 만약 아니라면? 신을 믿지 않는 사람들이 성경을 읽을 때, 아니 신을 믿는 사람조차도 성경을 읽을 때 가장 믿기 어려운 것 중에 하나가 있다. 바로 영생이다. 사람이 영원히 죽지 않고 산다니 당연히 믿어지지 않는다. SF 영화도 아니고 무슨 황당한 소리인가?

> 내가 하나님 아들의 이름을 믿는 너희에게 이것을 쓴 것은 너희로 하여금 너희에게 영생이 있음을 알게 하려 함이라.
>
> - 요한일서 5장 13절

신의 글인 성경책에는 분명하게 기록되어 있다. 사람들이 영원히 살 수 있음을 알게 하려고 신이 글로 남겨 주셨다고 말이다. 이게 믿어지지 않는 것은 앞에 말했던 모래를 생각해 보면 된다. 수준의 차이 때문이다.

이는 인간의 생각으로는 도저히 이해할 수가 없는 고차원적인 문제다. 하지만 여러분을 위해 아주 쉽게 이해시켜 주겠다. 지구가 둥글다는 것은 어린아이도 아는 너무도 당연한 상식이다. 하지만 과학이 발달하기 이전에는 지구는 평평하고 네모라고 믿고 살았고 배를 타고 멀리 가면 낭떠러지로 떨어져 죽는다고 여겼다. 그래서 사람들은 먼 바다로 나가지 않았다고 한다.

그 당시에는 그것이 상식이었으니까. 하지만 지금은 그 상식이 깨졌다. 지구는 당연히 둥글다. 지금 누군가 지구는 네모라고 말하고 다니면 이상한 사람 취급을 받을 것이다.

조선시대 사람들에게 "몇백 년 후 미래의 사람들은 쇳덩어리로 마차를 만들어 그것을 타고 수백 명이 동시에 하늘로 이동할 것이며 저 달에도 갈 것이다"라고 말했다면 사람들은 "드디어 네가 미쳤구나!"라고 말하며 상종도 하지 않았을 것이다.

지금은 하늘을 나는 비행기(무거운 쇳덩어리)가 상식이고 너무 당연하다. 하지만 수준이 낮았던 옛날 사람들의 생각으로는 도무지 상상도 안 되는 믿을 수 없는 일이다. 현재 대형 여객기의 무게는 400~500톤 정도이다. 가끔 비행기를 타 보면 원리를 아는데도 정말 신기하다. 500톤이나 되는 쇳덩어리가 하늘을 날 수 있다니 정말 놀랍다.

종교는 영어로 'religion'이다. '다시'라는 뜻의 re와 '연결하다'는 뜻의 ligion이 합해진 라틴어이다. 즉 '종교'란 신과의 단절된 관계를 다시 연결해 주는 통로다. 태아는 탯줄로 엄마와 연결되어 영양 공급을 계속 받는다. 그렇기 때문에 10달 동안 아무것도 먹지 않고도 좁은 뱃속에서 죽지 않고 살아갈 수 있는 것이다.

사람이 죽는다는 것은 생명의 근원이신 영원한 신과의 연결이 끊어진다는 뜻이다. 하지만 종교를 통해 다시 신과 연결될 수만 있다면, 성경에 적혀 있는 '영생'도 가능하다는 의미가 된다. 그런데 사람들은 신과 어떻게 다시 이어질 수 있는지 전혀 모른다. 아니, 애초에 신의 존재 자체를 부정하며 믿지 않고 살아간다.

이 세상에서 가장 많이 팔린 책이 무엇인지 혹시 알고 있는가? 전 세계 부동의 판매 1위, 약 50억 부가 팔린 책. 바로 성경책이다. 수많은 책이 존재하지만 왜 유독 이 압도적인 1등 책은 사람들이 잘 읽으려 하지 않을까? 너무 난해하고 어렵기 때문이다. 한 권쯤은 책장에 꽂혀 있을지 모르지만, 그 뜻을 끝까지 이해하며 읽어 본 사람은 거의 없을 것이다. 앞부분은 이해가 되지만, 뒤로 갈수록 마치 암호문처럼 읽히긴 해도 도무지 뜻이 와닿지 않는다. 그래서 많은 사람들이 중도에 포기한다.

하지만 암호문이라면, 반드시 해독할 수 있는 '열쇠'가 존재한다. 문제는 열쇠가 없어서가 아니라, 우리가 그걸 아직 못 찾아서 헤매고 있을 뿐이다. 전 세계 최고의 강대국, 미국의 대통령도 취임식에서 성경 위에 손을 얹고 맹세를 한다. 그만큼 신의 존재를 믿고, 신에게 맹세한다는 상징인 것이다. 그리고 우리가 쓰는 헌법, 민법, 형법, 상법, 민사소송법, 형사소송법 등도 모두 조문 구조(몇 조 몇 항)로 되어 있다는 점에서 성경과 닮아 있다.

이런 땅의 법도 사실은 성경을 따라 만든 것이라는 사실을 알고 있는가? 하늘의 법, 즉 '천법'인 성경을 본떠서 지금의 법률 체계도 만들어졌다. 성경 역시 몇 장 몇 절로 구분되어 있는 구조를 갖고 있다. "나는 하나님 같은 건 안 믿어." 부정하고 싶을 수 있다. 하지만, 아니다. 다른 종교를 믿든 무신론자든 종교가 없든, 지구상에 살아가는 모든 사람은 신의 영향 아래 놓여 있다.

마침 이 글을 쓰고 있는 지금은 2024년 12월 24일, 크리스마스이브의 새벽이다. 크리스마스는 '예수님의 탄생'을 기념하는 날이다. 종교가 있든 없든, 기독교인이 아니더라도 전 세계가 이 날을 축제로 기뻐하며 즐긴다. 왜일까? 다른 종교에도 경축일이나 절기가 있지만, 그것을 전 세계가 함께 기념하지는 않는다.

그리고 현재 우리가 사용하는 연도, '서기 2024년'. 이것 역시 예수님의 탄생을 기준으로 삼아 계산된 연대다. 예수님 탄생 이전을 BC, 그 이후를 AD라고 한다. 논리적으로 생각해 보자. 불교를 믿는 사람은 불기, 우리는 단군의 후손이니 단기(단군기원)를 사용할 수도 있다. 그런데 어떤 민족, 어떤 종교를 막론하고, 전 세계가 '서기'를 기준으로 삼고 있다는 것. 그 자체가 이미 신의 영향력 아래 있다는 증거가 아니겠는가.

그리고 교회에 다니거나 절에 가서 기도를 많이 한다고 해도, 신의 뜻을 정확히 모른다면 신과 이어질 수는 없다. 신의 뜻대로 살아야만 다시 연결될 수 있다. 흔히들 "착하게 살면 천국에 간다"고 말하지만, 그런 말은 성경 어디에도 없다. 그럼 이렇게 묻고 싶을 것이다. "신의 뜻은 대체 무엇인가요?" 바로 그 질문에 대한 신의 답변이 기록된 책이 '성경'이다.

여기 한 구절을 읽어 보자.

불생불멸 불구부정 부증불감 시고 공중무색 무수상행식 무안이비 설신의 무색성향미촉법

이 문장은 불경 중에서도 잘 알려진 '반야심경'의 한 구절이다. 읽을 수는 있지만, 그 뜻을 정확히 이해하는 사람은 드물다. 성경도 마찬가지다. 한글로 쓰여 있기에 읽기는 쉽지만 그 의미를 올바로 아는 사람은 거의 없다. 그래서 사람들은 제각각 해석하고, 그 해석이 마음에 드는 교회나 절을 찾아가 종교생활을 한다. 목사님의 말씀이 좋아서, 스님의 인자한 미소가 좋아서.

하지만 종교는 사람을 믿고 따르는 것이 아니라, '신의 뜻'을 알기 위해 찾는 것이다. 그리고 그 뜻을 알아야만 신과 다시 이어질 수 있다. 앞에서도 말했지만, 진리를 찾기 위해선 질문을 멈추지 말아야 한다.

자, 여기서 영생의 원리를 아주 쉽게 비유로 설명해 보겠다. 여러분이 쓰는 핸드폰, 보통 배터리가 0%가 되면 전원이 꺼진다. 10시간, 24시간, 길어야 3일을 넘기기 어렵다. 인간의 삶도 이와 같다. 시간이 지나고 나이가 들면서 수명이 다해 죽음을 맞이한다. 그리고 우리는 그것을 당연하게 받아들인다.

그런데, 핸드폰을 충전기와 연결해 둔 상태로 계속 사용한다면? 배터리가 닳지 않는다. 전원이 꺼지지 않는다. 바로 이것이 '영생'의 원리다. 신과 끊임없이 연결되어 있다면 죽음이 오지 않는다. 내 말을 믿으라고 말하는 게 아니다. 성경을 직접 읽고 믿어 보라는 뜻이다.

> 이 썩을 것이 썩지 아니함을 입고 이 죽을 것이 죽지 아니함을 입을 때에는 사망이 이김의 삼킨 바 되리라고 기록된 말씀이 응하리라.
>
> - 고린도전서 15장 54절

힘들게 평생 벌어 놓은 그 많은 재산을 놓고 죽어야 한다면 조금 억울하지 않을까? 아니, 많이 억울하고 죽기 싫을 것이다. 하지만 무엇보다도 죽음의 가장 큰 슬픔은 사랑하는 사람과 이별하는 것이다.

> 헛되고 헛되니, 모든 것이 헛되도다.
>
> - 전도서 1:2절

역사상 가장 지혜롭고 부귀영화를 다 누렸던 그 유명한 솔로몬왕의 말이다. 사실, 인간은 고생만 하다 결국 슬프게 죽으려고 이 세상에 태어난 것이 아니다. 이유가 있다. 하지만 이 책은 자기계발서이지 종교 서적이 아니기 때문에, 독자들이 원한다면 자세한 내용은 다음 책에 써 보겠다.

그런데, '연결되다'의 반대말은 무엇일까? 영어로 위기라는 단어는 'crisis'이다. 또 다른 뜻으로는 '분리되다'라는 의미도 있다. 우리의 정말 가장 큰 위기는 나라의 위기나 개인의 경제적 위기가 아니라, 신과 분리된 상태이다. 그러니 가장 큰 위기를 벗어나는 길은 바로 신과 다시 연결되는 것이다.

그런데 안타까운 현실은 사람들은 위기가 이미 자신에게 닥쳤음에도 불구하고 전혀 모르고 살아간다는 것이다.

23

잠재의식? 우주의 에너지란 무엇인가?

왜 자기계발서에 종교에 관해 많이 이야기하는지 궁금할 수도 있을 것이다. 하지만 성경을 빼놓고서는 잠재의식과 우주를 설명할 길이 없다. 자기계발서에서 많이 하는 말들이 있다.

- 내 안의 거인을 깨워라.
- 잠재의식에 맡겨라.
- 우주의 에너지를 받아라.
- 우주가 나를 도와준다.
- 끌어당김의 법칙, 내가 생각하는 것들이 나에게 끌려온다.

이게 다 무슨 말일까? 내 안에 거인은 무엇이고? 우주가 나를 도와준다는데 정확히 어떠한 말인지 모르겠다. 우주는 그냥 장소이고 공간인데, 그럼 또 쉽게 풀어 보자. 어떤 사람이 강해지기 위해 무술(합기도, 태권도 등)을 배우고 싶어 체육관을 다닌다고 하자. 이 사람이 지금보다 더 강해지려면 어떻게 해야 할까? 운동을 지도해 주는 관장을 믿고, 그가 시키는 대로 훈련에 임해야 강해질 수 있을 것이다.

그런데 이 사람이 관장을 전혀 믿지 않고, 그의 말도 따르지 않는다. 다만 체육관이라는 공간에 나오는 것만으로 강한 에너지를 얻을 수 있다고 믿는다. '이 체육관만 다니면 난 분명 강해질 거야. 관장님 같은 존재는 중요하지 않아.' 이렇게 생각한다면, 우리는 이 사람을 어떻게 볼까? 어리석고, 미련해 보이고, 답답할 것이다. 그리고 그는 결국, 강해지지 못할 것이다.

이 이야기를 성경과 신앙에 대입해 보면 답은 분명해진다.

태초에 하나님이 천지를 창조하시니라

- 창세기 1장 1절

우주와 그 가운데 있는 만유를 지으신 신께서는 천지의 주재시니…

- 사도행전 17장 24절

성경은 명확히 말하고 있다. 세상에 존재하는 모든 것, 심지어 우주까지도 하나님이 창조하셨다. 즉, 우리가 말하는 우주의 에너지 또한 결국은 신이 우리에게 주시는 것이다. 그렇다면 이 에너지를 받기 위해선 어떻게 해야 할까? 신이 우리에게 직접 나타나 말씀하시는 것이 아니라 우리의 겉사람인 '육체'가 아닌 속사람 '영(靈)', 즉 잠재의식과 소통을 통해 이루어진다.

우리는 잠을 잘 때 시간과 공간을 초월해 과거나 미래를 자유롭게 넘나드는 꿈을 꾼다. 그것은 우리 안에 '영'이 존재한다는 증거다. 그리고 그 영은 신과 소통할 수 있는 유일한 매개체이기도 하다. 하지만 많은 사람은 이 '영'의 존재조차 모르고, 육체만을 나라고 생각하며 살아간다. 그러니 신과 연결될 수가 없는 것이다.

먼저는 알아야 한다. 우리에게는 육체뿐만 아니라 '영혼'이 존재한다는 사실을. 그 사실을 인식하는 순간, 잠들어 있던 영혼이 깨어나 활동을 시작한다. 그때부터 신의 영향력이 나의 영혼에 미치게 되고, 그 결과 현실에서도 엄청난 지혜와 방법이 떠오르며, 더 큰 부를 쌓을 수도 있고, 진정한 행복과 영생에 이르는 삶을 살아갈 수 있게 되는 것이다.

조금 더 풀어 보겠다. 이해가 확실히 되어야지 여러분의 잠재의식이 깨어나기 때문이다. 한자로 사람 인(人) 자를 보자. 두 획이 서로 기대고 있는 이 글자는, 두 존재가 맞닿아 있는 모양이다. 하나는 영, 또 하나는 육체를 상징한다. 그럼 이 둘 중 하나라도 없어진다면 어떻게 될까?

- 큰 사고로 전신마비가 되어 육체는 움직이지 못하는데 정신은 온전한 사람
- 육체는 멀쩡하지만 정신이 온전하지 않아 일상생활이 어려운 사람

둘 중 하나가 결여되면, 인간으로서 온전히 기능하기 어렵다. 영과 육, 이 둘은 함께 있어야 '사람'이다. 그런데 사람들은 왜 고인이 된 분께 절을 두 번 하는지 알고 있을까? 어떤 사람은 "존경의 의미를 담아 예를 표하는 것"이라 말한다. 그렇다면 세 번, 네 번 절해도 될 것 아닌가? 그런데도 우리는 유독 '두 번'만 절한다.

그 이유는 이렇다. 한 번은 '육체'에게, 한 번은 '영혼'에게 드리는 절이다. 하나는 이 세상을 떠난 몸에 대한 예, 다른 하나는 이제는 다른 세계로 가는 '영'에게 작별을 고하는 인사다. 절은 단순한 예절이 아니라, 사람이 '영과 육으로 이루어진

존재'라는 사실을 보여 주는 행위인 셈이다. 그리고 이 '영'은 오직 인간에게만 존재한다. 침팬지나 다른 동물은 아무리 똑똑해 보여도, 영은 없다. 그래서 백과사전에서도 사람을 '영장류'라 부른다. '영장'은 '영묘한 능력을 가진 우두머리 존재'라는 뜻이다.

왜 인간만이 영을 가지고 있을까? 그 이유도 성경에 기록되어 있다.

> 하나님이 자기 형상, 곧 하나님의 형상대로 사람을 창조하시되 남자와 여자를 창조하시고…
>
> - 창세기 1장 27절

전지전능한 창조주 하나님, 그분의 형상을 따라 만들어진 존재가 인간이다. 그래서 인간만이 새로운 것을 '창조할 수 있는 능력'을 지니고 있다. 생각하고 상상하고 만들어 낼 수 있는 능력, 그것이 바로 인간만이 가진 신과 연결된 영적인 힘이다.

우리 영의 아버지가 하나님이시기에 우리도 닮은 것이다. 여러분도 여러분 육체의 부모님을 닮았을 것이다. 상어 새끼로 태어나면 수영을 잘 할 것이고, 치타 새끼로 태어났다면 빠르게 달릴 수 있듯이 우리는 하나님의 자녀로 지음받았기에 창조에 능력이 있는 것이다.

세상에는 수많은 동물이 있다. 하지만 그 어떤 동물도 연필 한 자루 만들 수 없다. 왜일까? 영이 없기 때문이다. 동물은 창조의 능력을 받지 않았다. 그래서 인간처럼 생각하고 상상하고 계획하고 창조하는 일이 불가능하다. 본능으로만 살아갈 뿐이다.

이렇듯 인간과 동물의 가장 큰 차이는 창조의 능력을 가진 '영'이 존재하느냐, 아니냐에 달려 있다. 그래서 오직 인간에게만 '죽음'이라는 단어에 '존재의 종결'이 담긴다. 동물이 죽으면 '죽었다'고 하지만, 인간이 죽으면 '돌아가셨다'고 말한다. 이 '돌아가셨다'는 말에는 육체는 땅으로, 영혼은 어디론가 돌아간다는 깊은 의미가 담겨 있다.

당신의 육체는 부모님으로부터 왔다. 하지만 당신의 영은 신이 만들어 주신 것이다. 그리고 이 '영'은 죽거나 사라지지 않는다. 이것이 바로, 성경에서 지옥에 간 영혼은 영원히 고통받는다고 하는 이유다. 영혼은 소멸되는 것이 아니라, 영원히 존재하는 것이기 때문이다.

사람이 죽으면 우리는 '초상이 났다'고 말한다. 한자로 '初喪(처음초, 잃을상)', '처음 죽음을 맞이했다'는 뜻이다. 그렇다면, 이 말 속에는 '두 번째 죽음'도 있다는 의미가 들어 있는 것이다.

실제로 성경에는 이것을 '둘째 사망'이라고 부른다.

사망과 음부도 불못에 던져졌으니, 이것이 둘째 사망, 곧 불못이라.

- 요한계시록 20장 14절

이 구절은 단호하게 말한다. 육체의 죽음이 아닌, 영혼이 심판받아 지옥에 들어가는 '영원한 죽음', 그것이 바로 성경에서 말하는 '둘째 사망'이다. 그리고 이 영혼이 죽음 이후에 도달할 수 있는 곳은 단 두 곳뿐이다. 천국, 아니면 지옥. 지금 우리가 가난하든 불행하든 절대로 지옥만큼은 가서는 안 된다. 왜냐하면 그 고통은 끝나지 않고 영원히 계속되기 때문이다.

예전에 한 후배에게 지옥 이야기를 해준 적이 있다. 그 녀석이 이렇게 말했다. "죽지 않는다면 고통도 언젠가 익숙해져서 참을 수 있을 것 같아요." 정말 할 말이 없었다. 심지어 어떤 사람은 이렇게 노래하며 농담을 한다. "한 번 죽지, 두 번 죽냐~ 인생 뭐 있냐~" 정말로 이보다 더 어두운 '영적 캄캄한 밤'이 있을까.

그러면 한번 상상해 보라. 바늘 하나를 들고, 지금 자신의 눈을 깊게 찌른다고 해 보자. 그걸 두 번, 세 번, 백만 번 반복할 수 있을까? 아마 단 1초도 못 버티고 살려 달라고 소리칠 것이다. 손톱 밑에 가시 하나만 박혀도 우리는 괴로워 아파하지 않는가? 그런데도 지옥을 가볍게 생각하고, 지금 눈앞에 보이지 않는다는 이유로 쉽게 넘긴다. 지옥에 대해 무지해도 너무 무지하다 보니 지금 현실이 아니라고 너무 쉽게들 말한다.

너무 고통스러워 죽여 달라고 애원해도, 영원히 죽지 못하는 곳, 그곳이 바로 지옥이다. 지금 현재의 수준으로는 도무지 상상도 가질 않으니 저런 망언도 한다. 하지만 신은 이런 무지한 인간들을 위해 또 한 번 분명한 말씀을 남겨 두셨다.

> 만일 네 손이 너를 범죄케 하거든 찍어 버리라. 불구자로 영생에 들어가는 것이, 두 손을 가지고 지옥, 꺼지지 않는 불에 들어가는 것보다 낫다.
>
> - 마가복음 9장 43절

사람이 죽으면 육체와 영혼은 분리된다. 육체는 땅으로 돌아가 썩고, 영혼은 자신의 본래 자리였던 신의 세계로 향한다. 우리가 흔히 말하는 '돌아가셨다'는 말의 참뜻이 여기에 있다. 동물이 죽으면 그저 '죽었다'고 한다. 돌아갈 영이 없기 때문이다. 영화에서 사람이 죽은 후 몸에서 투명한 영혼이 이탈해 공중을 떠도는 장면을 본 적 있을 것이다. 그 장면은 단순한 상상이 아니라, 바로 우리 안에 있는 '영(잠재의식)'의 존재를 보여 주는 상징이다.

그렇다. 수많은 자기계발서에서 말하는 '잠재의식', '내 안의 거인'은 다름 아닌 영혼의 힘이다. 우리의 육체가 할 수 없는 것들도 이 영혼은 놀라운 능력으로 이룰 수 있다. 이제는 썩어 없어질 육체에만 모든 걸 걸지 말고 내 안의 본질인 영혼에 주목할 시간이다. 어쩌면 이 책을 펼쳐 이 글을 읽고 있는 이 순간이 여러분에게 주어진 마지막 기회일지도 모른다.

후회는 언제나 늦다. 그러니 지금 생각하라. 질문하라. 궁금해하라. 행동하라. 그렇게 한다면, 여러분의 삶은 지금 이 순간부터 완전히 달라질 수 있다. 부디, 상식을 뛰어넘기를 바란다.

"그럼, 하나님을 믿지 않고도 부자가 된 사람들은 어떻게 설명할 건가요?"라는 질문이 예상된다. 하지만 앞서 말했듯이, 이 책은 종교 서적이 아니다. 이 질문에 대한 모든 해답을 여기에서 다 말할 수는 없다. 그래도 한 가지, 짧게나마 설명하고자 한다.

성령과 악령 두 가지 신이 있다. 만약 성신이 아닌 악신이 나에게 부를 가져다줬다면? 신의 존재 영의 존재 자체도 전혀 모르고 관심도 없고 오로지 돈만 많이 벌어서 나의 육신을 위해 잘 먹고 잘살다 늙어 죽는 것은 과연 복일까? 저주일까? 이렇게 늙어 죽게 되면 어떻게 될까? 내 속사람 영이 가는 곳은 딱 두 곳밖에 없는데. 과연 어디로 갈까? 짐작이 될꺼라 믿는다. 선이 있으면 악이 있다. 밤이 있으면 낮이 있다. 빛이 있으면 어둠이 있다.

> 낙타가 바늘귀로 들어가는 것이 부자가 하나님의 나라에 들어가는 것보다 쉬우니라.
>
> - 마태복음 19장 24절

사람들은 이 말씀을 단순히, "돈 많은 부자는 천국에 못 간다"라고 이해한다. 그러나 진짜 의미는 다르다. 여기서의 '부자'는 자기 생각으로 가득 찬 사람을 말한다. 즉, 자기 생각에 사로잡힌 자, 다른 말로는 자기 고집, 자기 이성, 자기 판단만을 신봉하는 사람을 뜻한다.

반대로, 예수님은 또 이렇게 말씀하셨다.

> 심령이 가난한 자는 복이 있나니, 천국이 저희 것임이요.
>
> - 마태복음 5장 3절

여기서 말하는 '심령이 가난한 자'란 물질적으로 가난한 사람이 아니다. 신의 말씀을 받아들일 준비가 된 자, 겸손하게 마음을 비운 자를 말한다. 자기 생각으로 가득 찬 사람은 신의 음성도 듣지 못한다. 보여 줘도 안 보고, 알려 줘도 안 믿는다. 그저 눈앞의 돈, 성공, 육신의 쾌락만을 쫓으며 삶의 끝에서 신의 뜻과는 전혀 다른 길, 자신도 원하지 않는 그곳으로 향하게 되는 것이다.

24

깨어 있는 눈으로 세상을 보라

사람들이 '하늘나라'라고 부르는 성경 속 하나님의 보좌 계열, 그 모습을 자세히 들여다보면, 이 세상이 완전히 다르게 보이기 시작할 것이다.

하나님의 일곱 영(7영)
- 요한계시록 4장 5절

예수님의 12 제자
- 마가복음 6장 7절

하나님 앞에 엎드린 24 장로와 네 생물
- 요한계시록 19장 4절

7, 12, 24 숫자를 잘 기억해 두길 바란다. 신의 존재가 신이 있다는 것이 확실하게 느껴질 것이다.

> 만물이 그로 말미암아 지은 바 되었으니, 지은 것이 하나도 그가 없이 된 것이 없느니라.
>
> - 요한복음 1장 3절

성경, 특히 첫 페이지인 창세기를 보면 하나님(신)이 세상을 창조하는 과정이 아주 자세히 나와 있다.

1일차 빛과 어둠
2일차 하늘과 땅
3일차 물, 채소, 나무, 바다
4일차 해, 달, 별
5일차 새와 물고기
6일차 땅의 생물과 사람

7일차 "모든 일을 마치고 '안식'하심"

그런데 우리가 사용하는 달력을 보면 우리도 7일 일주일을 살아간다. 왜 달력이 7일로 되어 있는지 한 번이라도 생각해 본 적이 있는가? 아마 없을 것이다. 한 주를 9일 아니 10일로 만들면 안 될까? 왜 꼭 7일로 만들었을까? 신이 세상을 창조한 순리대로 인간도 똑같은 방식으로 살아가고 있는 것이었는데 우리는 전혀 관심이 없이 살아가고 있었을 뿐이다.

요즘에는 토요일에 쉬는 사람도 많아졌지만, 우리도 6일을 일하고 7일 차(휴일, 주일) 하루를 쉰다. 달력에도 빨간날 쉬는 날은 일요일 하루뿐이다. 우리가 매일 사용하는 시계를 한번 생각해 보자. 12시간이 있고 한 바퀴가 더 돌면 하루는 24시간이다. 이것도 당연히 생각하지 않았을 것이다. 왜 시계가 이렇게 만들어졌는지 어떤 의미가 있는지.

예수님께서는 열두 제자가 있었고 하나님 앞에 일곱 영과 보필하는 이십사 장로가 있다고 기록되어 있다.

뜻이 하늘에서 이룬 것같이 땅에서도 이루어지이다.

- 마태복음 6장 10절

그냥 우연의 일치가 아니라 하늘을 이룬 구성처럼 이 땅도 똑같이 신이 만드셨다. 그리고 1년은(12달) 절기는 24절기로 되어 있다. 사람의 갈비뼈는 24개로 되어 있다. 하나님이 우주와 만물을 창조하시고 사람을 창조하실 때 아무렇게 막 만든 것이 아니다. 우주를 만드실 때처럼 분명한 의도를 두고 설계도대로 만드셨다. 그래서 사람의 몸을 소우주라고도 부른다.

일 년은 365일이다. 사람의 정상체온은 36.5도이다. 더 이상 무슨 설명이 필요할까? 이걸 보고도 믿지 않는다. 그냥 고정관념에 꽉 막힌 고집일 것이다. 신기하지 않는가? 1년이 580일 일수도 있고 사람의 체온이 29도 일수도 있는데 두 숫자가 소수점까지 정확히 일치한다는 것이.

우리는 7개의 목뼈를 갖고 있다. 우리는 7일을 산다. 우리 얼굴 구멍의 개수도 7개이다. 우리 척추는 12개이다. 우리는 12달을 1년으로 살아간다. 그리고 이 지구는 5개의 바다와 6개의 땅으로 되어 있다. 오대양 육대주라고 말한다. 그럼, 여러분의 뱃속 장기는? 오장육부로 되어 있다. (오장) 간장, 심장, 비장, 폐장, 신장, (육부) 대장, 소장, 위장, 담낭, 방광, 삼초.

이 모든 게 우연의 일치라고 주장할 수 있는가? 이게 수학적으로 얼마나 말도 안 되는 일인가. 이렇게 모든 것에 신을 알 수 있도록 태초부터 세상 만물과 여러분 몸에 이미 비밀을 엄청나게 많이 숨겨 놨는데도 우리는 알아차리지 못하고 생각하지 않고 궁금해하지도 않으며 육신의 것만 쫓다가 결국 죽음을 맞이한다.

신께서 얼마나 답답하실까? 지금 설명하는 것들은 정말 몇 가지 일뿐이다. 수백 가지도 더 넘게 설명하고 풀어 줄 수 있다. 하지만 아무리 많은 증거물들을 알려 줘도 자신의 고정 관념의 틀을 깨지 못하는 사람은 결국 안 믿는다.

쉽게 말해서 답이 없다. 아무리 알려 줘도 보여 줘도 믿지 않을 여러분들을 위해 신은 이미 수천 년 전에 글로 남겨 놓으셨다.

> 이 백성들이 마음이 완악하여져서 너희가 듣기는 들어도 깨닫지 못할 것이요, 보기는 보아도 알지 못하리다…
>
> - 마태복음 13장 13~15절

여러분은 이제 간절함으로 원하는 것을 계속 생각하고 찾으라. 그럼 주실 것이다. 먼저는 여러분이 원하는 것을 계속 상상하고 생각하고 메모하고 입으로 말하고 행동하라. 신의 뜻에 의해 악한 것이 아니라면 주실 것이다. 만약 원하는 것이 돈이라면, 돈을 벌어 나만 배부르고 나만을 위한 행복한 상상만을 하지 말고, 여러분의 부를 어떤 좋은 곳에 사용할지를 미리 정한 다음에 요구하라. 반드시 목적을 두고 목표를 설정해야 한다.

> 아빠 돈 좀 주세요. (목적이 없다)
> 아빠 읽고 싶은 책이 있는데 돈 좀 주세요. (목적이 좋다)

당신이 용돈을 줄 수 있는 능력이 있는 부모라면 당연히 목적이 좋은 아이에게 줄 것이다. 우리 영의 아버지이신 하나님도 마찬가지 아니겠는가. 목적이 좋아야 얻을 수 있다. 신은 바보가 아니다. 거짓 목적을 정하고 바란다고 이뤄지지는 않는다. 진정 거짓이 아닌 좋은 목적부터 만들어야 한다. 그리고 행동하면 얻을 수 있을 것이다.

그런데 깜빡하고 제일 중요한 것을 한 가지 말하지 않았다. 길을 가다가 처음 보는 아이가 여러분에게 아빠라고 부르면서 뭘 바란다고 달라고 하면 줄 것인가? 당연히 안 줄 것이다. 마찬가지다. 여러분이 영의 아버지가 있다는 것도 모르고 아버지라 시인하지도 않고 전혀 믿지도 믿으려고도 하시 않으면서 하늘에 대고 크게 매일 외치면 우주에 에너지가 그 파동을 인식하고 여러분에게 부를 끌어다 준다고 믿는다면….

책에서 절대라는 단어를 안 쓰고 싶었는데 지금 딱 한 번 쓰겠다. 절대 그럴 일은 없다. 만약 성신에게 받은 부가 아닌 악신에게 받은 부라면 몰라도…. 1등 복권에 당첨된 대다수의 사람이 당첨 전보다 훨씬 불행한 삶을 살아간다는 것을 알고 있는가? 1등 당첨금을 사기당해 자살을 하고, 가족들에게 몇억씩 나눠 주고 나중에 돈이 떨어져 더 달라고 하는 가족들과 의가 상해 서로 칼로 찔러 죽이기까지 하고, 마약과 음주를 하고 최고급 자동차를 타고 가다 행인을 치어 교도소에 수감되기도 한다.

　이렇듯 돈을 담을 그릇이 안 되는 사람에게 갑자기 돈이 생기면 오히려 가난할 때보다 더 끔찍한 일들이 발생한다. 먼저는 내 영의 아버지 하나님을 알아야 하고 믿어야 하고 이후 아버지를 찾을 때 많은 사람들이 말하는 우주의 에너지도 받을 수 있게 된다. 생각하지 않으면 행동하지도 못하고 결과도 얻지 못한다. 즉, 생각-행동-결과로 이어진다는 것이다.

영혼의 힘으로
깨달음과 진정한 변화를

정신과 마음의 병은 생각을 통제하지 못하기 때문에 발생하며, 몸의 주인은 결국 '정신(신)'이다. 인간만이 가진 '영'의 존재를 인식하고 깨달을 때, 보이지 않는 악한 영향력에서 벗어나 진정한 행복과 성공에 이를 수 있다. 성경에서 말하는 영생의 원리는 인간의 생각으로는 이해하기 어렵지만 이는 수준의 차이일 뿐, 신과의 연결을 통해 가능하다. 수많은 자기계발서에서 언급하는 잠재의식, 내 안의 거인은 바로 영혼의 힘을 의미한다. 육체가 아닌 영혼에 주목하고, 고정관념을 깨고 세상을 바라볼 때, 신이 만물에 숨겨둔 비밀과 질서를 발견하게 될 것이다. 원하는 것을 얻기 위해서는 명확한 목적을 가지고 간절히 생각하고, 메모하고, 외치고, 행동해야 한다. 이 모든 것의 근원은 영의 아버지인 하나님을 알고 믿는 것이며 그 연결 안에서 진정한 변화와 축복을 경험할 수 있다.

글을 마치며

오늘 아침 산책을 하면서 깨달은 것이 하나 있다. 여러분도 시공간을 초월해서 타임머신을 타고 이동하듯 움직이는 것이 가능하다. 원하는 장소 원하는 상황과 목표 전부 다 가능하다. 이쯤 되면 둘 중 하나일 것 같다. 나를 반쯤 미친 사람으로 보는 사람 아니면 지금까지 한 번도 느껴 보지 못한 새로움을 깨달은 사람.

깨달음이란?
- 스스로 자신의 고정관념을 깨고 진리에 다다른다는 뜻
- 사물의 본질이나 이치 진리 등을 깊이 생각한 끝에 알게 되는 것

여러분의 고정관념과 상식이 조금이라도 깨지길 바라본다. 아침에 산책을 가면 도착하는 곳에 소나무 한 그루가 서 있다. 이름도 지어 주었다. 벗구(나의 벗이자 친구). 현재 유

일하게 내 속마음을 말하고 조용히 들어만 주는 유일한 친구. '이래서 안 된다. 저래서 안 된다.' 하는 잔소리가 없는 친구이다. 묵묵히 제 자리에서 날 항상 기다려 주면서 응원해 준다. 참 고마운 친구다.

집에서 출발하기 전에 메모지에 글을 적는다. 나의 목표는 벗구(소나무)를 실제로 만나는 것이라고 적는다. 출발 시간 2025년 1월 3일 오전 6시 45분. 그리고 7시 02분 드디어 도착. 이게 뭐냐고? 바로 시공간 초월이다. 나무에게 가겠다는 목표를 생각했고 옷을 입고 출발(행동)했고 17분 뒤에 도착했다(결과). 원하는 목표를 반드시 종이에 적어라. 그리고 하루에 매일 외쳐라. 그럼 우리의 잠재의식은 이 목표를 이룰 수 있는 방법들을 우리의 의식에 전달한다. 그리고 내가 그것을 행동함으로써 원하던 목표를 달성한다.

그럼 내가 생각과 행동을 안 했다면? 잠만 더 자고 아무것도 변한 것이 없을 것이다. 직접 해 보라. 집에서 회사 가는 길도 좋고 원하는 장소도 좋고? 어떤 상황과 원하는 목표를 적어도 좋다.

시작하기 전에 메모를 하고 눈을 감고 미리 도착한 모습을 상상해 보라. 도착해서 아니면 목표를 달성한 후 내가 적었던 메모를 확인해 보라. 여러분이 생각하는 것보다 상상 이상으로 신기하게 느껴질 것이다. 노트에 쓰지도 않고 하늘에 외치지도 않았는데 어느 날 여러분이 부자가 되었다. 그럼 무슨 생각이 들까? 그냥 부자가 된 것이다. 아무 생각이 나지 않을 것이다. 그냥 행복하다. 좋다.

집에 가자고 외치고 상상하고 가는 것이 아닌, 그냥 집에 도착하게 되면 아무 생각도 나지 않을 것이다. 조금 더 간단하게 말하자면, 여러분이 종이에 적지 않고 아무 생각도 없이 어떤 일들을 성공하면 아무런 감정이 들지 않을 것이니, 그냥 주어지는 대로 하루하루 살아갈 것이다. 하지만 글로 적어서 목표를 달성하게 된다는 것을 깨달으면, 여러분은 계속 생각하고 목표를 적고 하나하나 자신의 원하는 것들을 얻어가며 현재보다 더욱 발전적인 삶을 살아갈 것이다.

그리고 하나 더, 시각화에 대해 말해 보겠다. 내 핸드폰에는 '나의 소망'이라는 사진 폴더가 있다. 이 글을 쓰기 전, 결혼을 하기 10년 전쯤 갑자기 창밖을 바라보면서 신께 기도했다. 돈 한 푼 없는 나도 결혼을 해서 행복하게 살고 싶다고. 그리고 기도가 끝난 후 나의 소망 사진첩에 결혼식을 올리는 사진, 아이랑 찍은 가족사진, 자동차, 집 등등 내가 원하는 것들을 인터넷을 뒤져 이미지 사진을 찾은 뒤 폴더에 간직했고 현재는 소망했던 사진들의 100%가 다 이루어졌다.

여러분도 반드시 글로 적고 사진으로 남겨 보자. 몇 년 안에 소원이 다 이루어졌을 때 너무나도 신기하고 감사할 것이다. 분명 내가 걸어서, 차를 타고, 비행기를 타고 움직였겠지만 막상 도착을 해 보면 시공간을 초월해서 타임머신을 타고 순간이동한 것 같다는 느낌이 든다. 이제 여러분이 원하는 목표를 상상해라. 그리고 메모하라. 그러면 마법처럼 그곳에 도착해 있을 것이다.

이 나무 앞에서 참 많이 울었다. 지금까지 살아온 내 삶이 너무나도 한심하고 안타까워서 눈물이 흐른다. 하늘을 보면서 앞으로 다가올 나의 멋진 성공한 모습이 상상되면서 기쁨에 가슴이 벅차올라 눈물이 흐르기도 한다.

3년 전에 너무나도 건강하신 어머님이 갑자기 배가 조금 불편하다 하셨는데 병원에서 암 진단을 받으시고 3개월도 되지 않아서 너무도 빨리 돌아가셨다. 정말 믿어지지가 않았다. 자고 일어나면 눈뜨기 전에 나에게 주문을 걸었다. 이건 꿈이다. 이건 꿈이다. 그러나 눈을 뜨면 현실임을 깨닫는다.

어릴 적 엄마 소원이 뭐냐고 물어본 적이 있었다. 통장에 1억만 있었으면 소원이 없다고 하셨던 기억이 난다. 돈을 좋아하시는 게 아니라 남에게 나눠 주는 것을 좋아하셨다. 김치를 두 달이 멀다하고 담그셔서는 동네 이웃들부터 먼 곳에 살고 있는 친척들까지 전부 나눠 주시고 간장, 된장, 이것저것 만들어 남에게 주는 것을 좋아하셨다. 그렇다 보니 돈이 필요하셨을 거다.

내가 조금만 일찍 나의 문제가 무엇인지 깨닫고 생각이란 걸 하고 행동했었다면 어머님의 소원은 이미 이뤄 드릴 수가 있었을 텐데…. 난 지금까지 전혀 생각도 행동도 하지 않고 하루의 즐거움이라는 구덩이 속에 빠져 살았었다. 이제 겨우겨우 이 구덩이 속에서 기어 나왔다. 깨달음으로 탈출에 성공했다.

영원히 내 곁에 항상 웃으며 계셔 줄 것만 같았던 엄마…. 이 모든 생각이 한 번에 밀려와 가슴이 먹먹하고 하염없이 눈물이 흐른다….

여러분은 부디 이런 후회는 하지 않길 바란다. 살면서 가장 가슴 깊이 와닿았던 말이 있다. "있을 때 잘해." 부모님이 살아 계실 때, 몸이 건강할 때, 일할 수 있을 때, 기회가 내게 왔을 때, 그때는 당연했던 모든 것들이 사라지고 나면 비로소 이 말이 얼마나 큰 진리인지 가슴에 스민다. 하지만 그때는 깨달아도 이미 늦었다.

지금 여러분이 누리고 있는 것들 그 어느 것 하나 영원한 것은 없다. 이 글을 쓴 나 역시 한때는 신과 우주, 잠재의식,

성공, 건강, 행복, 이 모든 것이 서로 별개라고 생각하며 각기 따로 믿고, 따로 추구하며 살아왔다. 그런데 정말 하루아침에 어떤 힘에 의해 퍼즐이 맞춰졌다. 이 모든 것은 사실, 하나였다. 그리고 나는 이 진실을 더 많은 사람들에게 알리라는 메시지를 받은 것만 같았다.

이 책에서 여러분은 열쇠를 하나 얻었다. 변화의 열쇠를 잘 사용하여 지금까지의 작고 닫힌 생각은 내려놓고, 더 크고 깊은 뜻을 품어라. 여러분이 간절히 원하는 그 모든 것을 이룰 수 있기를 진심으로 바란다.

육체와 영혼까지도 복 받는 삶을 살아가시길. 지금까지 혼자서 묵묵히 많은 일들을 견디며 살아오느라 참 고생 많으셨습니다. 진심으로, 여러분의 성공과 행복을 응원합니다. 이제부터는 신의 축복이 늘 함께하시길 바랍니다.

작가 인터뷰

이 책을 쓰게 된 계기는 무엇인가요?

대부분의 자기 계발서가 어렵게 쓰이거나 정확한 답을 제시해 주지 못한다고 생각했습니다. 정말 중요한 것은 말해주지 않는 느낌이랄까요. 돈보다 더욱 가치 있는 무언가가 있다는 것을 독자들에게 알려주고 싶어 집필하게 되었습니다.

작가님에게 '성공'이란 무엇을 뜻하나요?

돈만 많이 벌어 나만 잘 먹고 잘살면 되는 것이 아닌, 남에게 이로움을 줄 수 있는 삶을 사는 것이 진정한 성공이라 생각합니다. 저는 돈 많은 부자가 전혀 부럽지 않습니다. 스티브 잡스가 죽기 전에 10조 원 정도의 재산을 보유했다고 합니다. 하루에 몇억 원씩 써도 죽을 때까지 쓰지 못하는 큰돈이죠. 하지만 56세의 나이에 췌장암으로 사망하는 것을 보니 전혀 부럽지 않더라고요. 이게 과연 성공일까요? 오직 돈 때문에 자기를 계발하려 한다면, 그것은 어리석은 배움이에요. 진정한 성공은 깨달은 자만이 얻을 것입니다.

변화를 위한 24개의 가이드라인 중 가장 중요한 것 한 가지만 꼽아주신다면요.

이 책의 핵심은 마지막 장인 24장이라고 할 수 있어요. 신, 우주, 그리고 우리들이 추구하는 행복 사이의 관계에 대한 내

용을 담고 있기 때문입니다. 물론 내용이 이어지기 때문에 책 전체를 읽으면 훨씬 수월하게 이해하실 수 있을 겁니다.

스스로 고수해온 생각과 행동을 변화시켜야겠다고 결심한 결정적인 순간은 언제였나요?

약 5년 전쯤부터 매일 똑같은 하루를 보내는 것이 무의미하다고 느껴졌어요. 일과를 마치고 친구나 선후배를 만나 시답잖은 주제로 술잔을 기울이며 웃고 떠드는 시간이 아깝더라고요. 몸에도 안 좋고요. 그런 제 모습이 지겨웠어요. 삶을 바꾸기로 마음먹고 저만의 동굴로 들어갔어요. 이후 지금까지 스스로를 발전시킬 수 있는 일들을 하며 지내고 있습니다.

작가님 인생에 가장 큰 영향을 준 사람은 누구인가요?

신(하나님)입니다. 살다 보면 감정 조절이 어려울 때가 있는데요. 화가 나거나 두려울 때 주위 선배나 친구들의 도움을 받기도 했지만, 잠시뿐이었어요. 그럴 때는 주변 사람들이 실질적으로 큰 도움이 되지는 못하죠. 하지만 신을 믿으면서부터 제 생각과 감정을 직접 통제할 수 있다는 것을 알게 되었어요. 이 가르침을 얻은 것을 계기로 모든 것에 감사함을 느끼며 살고 있습니다.

'어떤 종교건 잘 알지도 못하면서 남들 따라서 맹신해서는 안 된다'고 하셨어요. 작가님은 어떻게 하나님을 믿게 되셨나요?

세상을 유심히 관찰하는 과정에서 자연스럽게 믿음이 생겼어요. 동물, 식물, 비, 구름, 태양, 공기, 물, 달, 나아가 세상에 있는 모든 존재가 하나라도 사라지거나 조금이라도 어긋난다면 이 세상은 유지될 수 없어요. 이 모든 것들이 필연적으로, 그리고 놀라울 정도로 조화롭게 존재한다는 사실을 깨달았을 때, 신의 존재를 믿게 되었습니다.

자신만의 행복을 찾고자 하는 독자들에게 추천할 만한 책을 꼽아주신다면요.

남강 작가님이 쓰신 『적은 내 안에 있다』를 추천합니다. 사람들은 모든 상황의 해답을 외부에서 찾으려 하지만, 진짜 문제는 내 안에 있을 때가 많아요. 이 책은 그 깨달음을 전하고 있죠. 특히 우리가 살면서 하는 행동들은 모두 생각에서 출발하기 때문에 생각을 컨트롤하지 못하면 삶이 좋아질 수가 없어요. 내 안에 적이 있을 수 있다는 자각만으로도, 더 나은 방향으로 생각하고 행동할 수 있다고 믿습니다.

작가님의 하루 루틴은 어떤 모습인가요? 언제 가장 행복하다고 느끼시는지도 궁금합니다.

새벽에 일어나 책을 읽는 것으로 하루를 시작합니다. 독서를 마친 후에는 산책하면서 생각과 기도를 한 뒤 1시간 30분가량 개인 운동을 합니다.

가장 행복한 순간은 제 아이들의 천진난만한 모습을 볼 때예요. 그리고 기획한 일을 현실로 만들어 갈 때 또한 행복을 느낍니다. 이 책을 끝까지 마무리 지으면서도 참 행복했습니다.

책을 집필하시면서 가장 힘들었던 순간은 언제였나요?

시간이 너무 부족했어요. 하루 종일 일을 하거나 아이들을 돌봐야 했고, 주말조차 여유가 거의 없었기 때문에 책에 집중할 시간이 하루에 10분도 채 되지 않는 날이 많았습니다. 그래서 아침 산책 중에 떠오르는 생각들을 메모장에 조금씩 적어 가며 책을 완성했죠. 이렇게 완성하고 보니 모든 노력이 의미 있었음을 느낍니다.

미래에 그리고 있는 작가님의 모습은 어떤 모습인가요?

많은 이들에게 마음의 빛이 되어주고 싶어요. 진리를 통해 사람들에게 힘과 소망을 주는 통로가 되고자 합니다. 무엇보다도 대부분의 사람들이 돈만을 쫓다가 고통과 외로움 속에서 생을 마감하는데요. 이런 현실 속에서도 또 다른 희망의 길이 있다는 것을 알려드리고 싶어요. 그리고 기회가 되고 뜻이 통한다면, 두 번째 책을 집필할 계획도 있습니다.

마지막으로 독자들에게 전하고 싶은 말씀이 있다면요?
　세상 모든 것에는 유통기한이 있습니다. 아무리 맛있고 비싼 음식도 상한 다음에는 가치가 없죠. 마찬가지로 제 글에도 유통기한이 있다고 생각합니다. 시간이 지나면 그 의미가 달라질 수 있으니까요. 그러니 바로 지금, 조금씩이라도 변화를 위해 움직이시기를 바랍니다. 여러분에게 마지막 기회가 될 수도 있습니다.

작가 홈페이지

변화의 열쇠

평범함을 거부하고 탁월하게 성공하는 24가지 가이드라인

발행일 2025년 6월 19일

지은이 송민규
펴낸이 마형민
기획 페스트북 편집부
편집 곽하늘 이은주 김현우
디자인 김안석 표진아
펴낸곳 주식회사 페스트북
홈페이지 festbook.co.kr
편집부 경기도 안양시 동안구 관악대로 488
씨앗트 스튜디오 경기도 안양시 동안구 안양판교로 20

© 송민규 2025

ISBN 979-11-6929-826-1 03190

값 15,000원

* 이 책은 저작권법에 의해 보호를 받는 저작물이므로 무단 전재와 무단 복제를 금합니다.
* 페스트북은 작가중심주의를 고수합니다. 누구나 인생의 새로운 챕터를 쓰도록 돕습니다.
  creative@festbook.co.kr로 자신만의 목소리를 보내주세요.